NESTBESCHMUTZER

Erste Auflage 2016
© Scoventa Verlagsgesellschaft mbH

Das gesamte Werk ist urheberrechtlich geschützt.
© Copyright bei Julia Riebeling (2016)

Lektorat: Eva Römer, München
Umschlagsfoto: André Reinke, Hamburg
Gestaltung: Anja Fuchs, *www.anjafuchs.com*
Druck & Bindung: Pustet, Regensburg
printed in Germany

ISBN 978-3-942073-37-0
www.scoventa.de

JULIA RIEBELING

NESTBESCHMUTZER

SEI EIN FAMILIENREBELL

scoventa.

Julia Riebeling, geboren 1973, ist Diplom-Sozialpädagogin und Coach, lebt in Hamburg und arbeitet in eigener Praxis als Life & Business Coach vor allem in den Bereichen Personality- und Business-Coaching. Ihr Buch bündelt das Wissen, die Erfahrung und die Erkenntnisse aus ihrem erfolgreichen Leben als Familienrebell.
www.coaching-riebeling.de

Alle Ratschläge in diesem Buch wurden sorgfältig geprüft. Sie ersetzen jedoch weder medizinischen Rat noch medizinische Hilfe. Daher können Autorin und Verlag keine Gewährleistung oder Garantie übernehmen. Dies schließt auch eine Haftung aus.

Im Anhang finden sich ausgewählte Literatur und Tipps zum Weiterlesen.

Für meine Schwester
Astrid
in unendlicher Liebe

INHALT

Vorspann   9

Machen Sie den Test: Sind Sie ein Nestbeschmutzer?   11
Die Nestbeschmutzerdefinition   13

Teil 1
Die Familie: von geheimen Spielregeln und fiesen
Machenschaften   29

Vom Versuch, den Erwartungen zu entsprechen   33
Info-Box Stress   41
Das (bisher unveröffentlichte) Familiengesetzbuch   55
Info-Box Neuroplastizität   62
Die familiäre Rollenlotterie   65
Info-Box Selbstliebe   71
Info-Box Worst-Case-Szenarien   82
Das Nestbeschmutzergesetzbuch für Self Love Rebels   89

Teil 2
Der Familienmob: mögliche Angriffe,
erfolgreiche Lösungen   95

Einschüchterungsversuche   107
Ihre Fluchtwege   135
Bestrafungsversuche   139
Ihr Strafregister   161

Teil 3
Endlich Self Love Rebel sein   **163**

Will to Please – Verabschieden Sie sich vom
Wunsch, zu gefallen   169
Verlieren Sie Ihre Ängste   177

Teil 4
Willkommen in Ihrem neuen Leben!   **181**

Jumping out of the Box – Sie sind flügge geworden   183
Will to Rebel – Entfesseln Sie den Self Love Rebel!   185
Think It. Say It. Do It. – Positionieren Sie sich!   193
The Story of My Life – Sie sind zum
Self Love Rebel geworden!   201
Time to Say Goodbye – Ihr neues Leben   203

Nachspann   205

Literatur   206
Danksagung   208

VORSPANN

Stellen Sie sich bitte Folgendes vor:
Sie sind einen Tag alt und Ihr Leben beginnt gerade erst. Sie liegen warm und weich, frisch gewickelt, süß und sabbernd in Ihrem hellblauen/rosafarbenen Bettchen. Ihre Eltern, Großeltern, Urgroßeltern, Geschwister, Tanten und Onkel schauen selig lächelnd auf Sie herab. Alle sind so froh, dass Sie endlich da sind. Schließlich haben sie Sie viele Monate lang sehnsüchtig erwartet. Alles ist einfach perfekt mit einem süßen Wonneproppen wie Ihnen.

Doch dann ist etwas geschehen, etwas Unvorhergesehenes, Außerordentliches, womit niemand in Ihrer Familie rechnen konnte.

Kommen Sie ganz dicht heran, dann werde ich es Ihnen verraten: Sie sind zu einem eigenständigen Menschen herangewachsen, mit eigenen Vorstellungen, Meinungen, Prinzipien, Charaktereigenschaften, Ecken, Kanten und Rundungen, mit Wünschen und Sehnsüchten und sogar mit einem eigenen Berufswunsch. Oh mein Gott, wie konnte das passieren? Wie konnte es geschehen, dass Sie nicht das Ebenbild Ihrer Eltern geworden sind und sich trauen, ein ganz eigenes Leben zu führen?!

Und nun stellen Sie sich vor, wie Sie heute, viele Jahre, verkorkste Weihnachtsfeste, nicht bestandene Prüfungen und

Nestbeschmutzungen später in Ihrem Bettchen liegen und all diese Menschen wieder auf Sie herabsehen. Was hat sich verändert? Wer lächelt Sie an? Wer kommt gar nicht an Ihr Bettchen heran, und wer läuft nach einem kurzen, intensiven Blick auf Sie kopfschüttelnd davon? Wer behauptet, mit Ihnen gar nicht verwandt zu sein, und wer fragt, ob die Umtauschfrist schon abgelaufen ist? Na, was denken Sie? Wollen Sie es mir nicht erzählen? Sie können es mir auch ins Ohr flüstern, wenn es Ihnen vor Ergriffenheit oder Entsetzen gerade die Kehle zuschnürt.

Keine Sorge, ich stehe an Ihrer Seite! Lassen Sie uns gemeinsam einen Blick riskieren auf die menschlichen Abgründe Ihrer Lieben.

Aber bevor ich Ihnen dieses Buch nun endgültig anvertraue, möchte ich sichergehen, dass Sie sich als Leser/in auch eignen.

MACHEN SIE DEN TEST: SIND SIE EIN NESTBESCHMUTZER?

- [ ] Haben Sie schon mal etwas Wahres über Ihre Familie erzählt? Etwa in der Öffentlichkeit?
- [ ] Haben Sie sich schon einmal kritisch über Ihre Eltern geäußert?
- [ ] Haben Sie schon einmal Ihren Eltern argumentativ widersprochen?
- [ ] Sind Sie in der Schule sitzen geblieben?
- [ ] Sind Sie schon einmal von der Schule geflogen?
- [ ] Fühlten Sie sich der Regelstudienzeit nicht verpflichtet?
- [ ] Wurden Sie nach dem Abbruch Ihres Studiums zur Adoption freigegeben?
- [ ] Haben Sie irgendwann einmal etwas angestellt, das Ihre Eltern nachhaltig schockiert hat und ein schlechtes Bild auf sie hätte werfen können?
- [ ] Haben Sie mehr als eine Trennung hinter sich?
- [ ] Sind Sie Single und die Nachbarn Ihrer Eltern wissen es?
- [ ] Leben Sie in einer offenen Beziehung?
- [ ] Lieben Sie das gleiche Geschlecht?
- [ ] Üben Sie einen anderen Beruf als Ihre Eltern aus?
- [ ] Haben Sie schon einmal Weihnachten ohne Ihre Familie gefeiert?
- [ ] In derselben Stadt?
- [ ] Fahren Sie eine andere Automarke als Ihr Vater?

☐ Hatten Sie schon mal eigene Vorstellungen, was Sie sich zum Geburtstag wünschen?

☐ Waren Sie schon einmal der Sündenbock der Familie?

☐ Sind Sie schon mehr als einmal nicht ans Telefon gegangen, wenn Sie die Nummer der Familie auf dem Display erkannt haben?

Wenn Sie auch nur eine dieser Fragen mit JA beantwortet haben, gratuliere ich Ihnen herzlich zum **bestandenen Eignungstest**. Sie sind ein echter **Nestbeschmutzer**, und zur Belohnung vertraue ich Ihnen dieses Buch an – Sie dürfen mit ihm kuscheln gehen und es ganz, ganz lieb gewinnen.

DIE
NESTBESCHMUTZERDEFINITION

Ein Nestbeschmutzer ist ein Mensch, der wider alle an ihn geknüpften Erwartungen seine eigenen Ideen im Leben umsetzt und dies zum Missfallen seiner Familie. Ein Nestbeschmutzer spricht in aller Öffentlichkeit darüber, was er in seiner Familie erlebt. Ein Nestbeschmutzer lebt, denkt und handelt immer nach bestem Wissen und hat sich entschieden, das Steuerrad des Lebens selbst in die Hand zu nehmen. Den Familienchauffeur hat er vor langer Zeit entlassen, denn dieser folgte ausschließlich den durch die Familie festgelegten Fahrtrouten. Ein Nestbeschmutzer möchte autonom und glücklich durchs Leben fahren. Er möchte unterwegs anhalten und die Landschaft genießen, neue Orte bereisen und sich vom Leben inspirieren lassen. Er liebt das langsame Tempo auf Landstraßen genauso wie eine schnellere Gangart auf Autobahnen. Ein Nestbeschmutzer hat die familiäre Verschwiegenheitserklärung nie unterzeichnet und wird so zu einem bedrohlichen Risikofaktor für seine Familie. Ein Nestbeschmutzer löst durch sein Verhalten oft folgeschwere Kettenreaktionen aus.

Zurück zu Ihrem Gitterbettchen. Wer sieht heute noch selig lächelnd auf Sie herab? Oder sind es vielmehr kritisch musternde Blicke, die Ihnen begegnen?

Bestimmt kommt Ihnen das ein oder andere Beispiel bekannt vor:

Beispiel 1
Meine Mutter wirft mir vor, dass ich ihr nicht detailliert genug Auskunft über mein Leben gebe.

Beispiel 2
Mein Vater bezeichnet meinen Berufswunsch als brotlose Kunst und schaut aus der Vogelperspektive kopfschüttelnd auf mich herab.

Beispiel 3
Meine Schwester kühlt ihre Betriebstemperatur regelmäßig auf Entfroster herunter, wenn mir mehr Aufmerksamkeit seitens meiner Eltern entgegengebracht wird, als sie für mich vorgesehen hat, und ich dieses sehr seltene Phänomen auch noch genieße.

Beispiel 4
Meine Tante trainiert ihre Bauchmuskeln durch verkrampftes und verzweifeltes Lachen, seit ich mir die Haare in chilligen Farben färbe.

Beispiel 5
Meine Mutter hört auf, mit mir übers Erbe zu sprechen, seit ich beschlossen habe, nach der Liebe meines Lebens nicht nur in ihrer Nachbarschaft zu schauen, sondern ich offen dafür bin, meine Suche weltweit auszudehnen.

Beispiel 6
Meinem Onkel steigt die Schamesröte ins Gesicht, wenn er

sich daran erinnert, dass ich den Biomüll nicht in die Tonne, sondern einfach in den Vorgarten geworfen habe.

Beispiel 7
Meine Familie zeigt gewisse irritierte Tendenzen, seit sie weiß, dass ich auf dem Spirituellen Weg bin und dieser geradewegs an der Kirche vorbeiführt.

Beispiel 8
Meine Mutter distanziert sich von mir, seit sie erkannt hat, dass mein Emotionaler Quotient gepaart mit meinem Intelligenzquotienten eine höhere Punktzahl erzielt als alle EQs & IQs meiner Familie zusammengerechnet.

Jetzt gibt es kein Entkommen mehr! Ihr Gitterbettchen hindert Sie an der Flucht! Es ist nun Zeit, mich einzuweihen in das familiäre Grauen, das sich tatsächlich um Ihr Bettchen versammelt hat.
Erzählen Sie/flüstern Sie bitte jetzt:

_____

_____

_____

_____

_____

_____

_____

_____

Und jetzt sagen Sie mir: Wie konnte das geschehen? Was habe Sie verbrochen? Welche schlimmen Taten haben Sie begangen, dass Sie die Gunst Ihrer Familie verspielt haben und die Messlatte, auf der Ihr Name steht, plötzlich in schwindelerregende Höhen geschnellt ist?

Fällt es Ihnen ein? Lehnen Sie sich kurz zurück und lassen Sie Ihre Karriere als Messlattenverfehler Revue passieren. Atmen Sie entspannt ein und aus, und versorgen Sie Ihr Gehirn mit ausreichend Sauerstoff. Das wird nötig sein, wenn Sie gen Himmel schauen und versuchen, die Latte visuell zu erfassen. Sehen können Sie sie nämlich schon lange nicht mehr.

Folgendes könnte Ihnen passiert sein beim Versuch, die Messlatte zu berühren:

Beispiel 1
Die Nachbarn Ihrer Eltern tuscheln untereinander, nachdem sie Sie monatelang mit einer Überwachungskamera auf Schritt und Tritt verfolgt haben. Sie werfen Ihnen unergründliche Blicke zu. Ihre Eltern werden daraufhin nicht mehr zum wöchentlichen Skatabend eingeladen und führen infolgedessen ein sozial isoliertes Leben.

Beispiel 2
Ihre Eltern schämen sich, über Ihr wahres Leben in der Öffentlichkeit zu sprechen, und erzählen stattdessen, dass Sie BWL studieren, bereits verlobt sind (natürlich mit dem anderen Geschlecht) und auch schon Kinder geplant sind. In Wahrheit leben Sie aber als Single in einer Studenten-WG und Regelstudienzeit ist etwas für Spießer. Sie wollen nichts in Ihrem Leben verpassen, und festlegen wollen Sie sich schon gar nicht. Es gibt einfach viel zu viel zu sehen und zu erleben in dieser

schönen, großen, weiten Welt! Sie betreiben Unihopping als sportliche Aktivität und stecken einfach überall mal Ihre Nase rein. Die beste Uni gewinnt! Welche das sein wird, wissen die Götter, aber bestimmt nicht Sie. Jetzt noch nicht. Und es gibt ja schließlich immer ein Morgen. Was auch immer Sie am Ende studieren werden, ist sekundär. Hauptsache, der Campus hat so schicke bunte Stühle wie der der Harvard University. Denn auch Chillen ist wichtig. Zum Verausgaben haben Sie schließlich noch Ihr ganzes Leben Zeit. Sie haben meine uneingeschränkte Unterstützung. Unihopping ist cool, und Sie sind es auch!

Beispiel 3
Sie planen, aus beruflichen Gründen die Stadt zu verlassen, und entziehen sich damit dem dringenden Wunsch Ihrer Lieben, sich vor Ort rund um die Uhr um sie zu kümmern. Ihre Eltern haben aber voll auf Sie gesetzt und wollen Sie als Familieneigentum nicht gehen lassen. Schließlich sind Ihre Lieben davon überzeugt, dass es Ihre Aufgabe ist, uneingeschränkt zu funktionieren und als Allroundtalent und Hofnarr das uninspirierte Leben Ihrer Eltern zu gestalten. Sie hingegen haben andere Pläne, und Ihnen gelingt es, sich aus dem engen Familienkorsett zu befreien und Ihre Karriere in einer anderen Stadt weiterzuentwickeln. Gratuliere!

Beispiel 4
Sie haben sich für ein besonders Geschenk zum Muttertag entschieden. Stets haben Sie das emotionale Entwicklungspotenzial Ihrer Mutter gesehen und beim Thema Toleranz und Akzeptanz ist noch viel Luft nach oben. Sie haben sich entschieden, ihr zwei intensive Nachhilfestunden zu schenken, um ihre vorhandenen Skills zu fördern. Nichts wäre trauriger, wenn diese nicht gefördert würden.

Nicht Sie, sondern Ihr Bruder soll von diesem Geschenk profitieren, denn er bekommt immer wieder Blutdruckspitzen bei der Vorstellung, seine Mutter könnte bei einem ihrer abendlichen Streifzüge durch seine Straße feststellen, dass ihr Augenstern überwiegend männlichen Besuch bekommt. Warum auch immer. Nichts wünscht sich Ihr Bruder sehnlicher, als dass es Mutter gelingen möge, den Blick über den eigenen Tellerrand etwas zu heben.

Als Nachhilfelehrerin haben Sie eine frühere Freundin Ihrer Mutter auserkoren. Sie hat lange in einer Kommune gelebt und führt heute eine offene Beziehung. Männer wie Frauen gehen hier ein und aus. Sie bringen die beiden Mütter nun an einen Tisch und lassen sie über Toleranz und Akzeptanz philosophieren.

Beispiel 5

Sie sind ausgesprochen stylisch unterwegs. Mode verstehen Sie als einen Ausdruck Ihrer Stimmungen und Ihrer Individualität. Für ein gediegenes Familienfest haben Sie in einem coolen Secondhandladen geshoppt. Bei der Feier angekommen, steht Ihren Eltern das Entsetzen ins Gesicht geschrieben. Denn statt eines konservativen Designerkleides, das Ihre Schwestern natürlich mit Begeisterung tragen, haben Sie sich für die Hippie-Variante entschieden. Hippie sein bedeutet für Sie happy sein.

Schnell sind Sie der Blickfang der Party – und bald wirklich derart scharfen Blicken ausgesetzt, dass diese Sie an die Chilisoße auf Ihren Tortilla-Chips am Abend zuvor erinnern. Blumen für die Gastgeber hatten Sie natürlich auch nicht im Gepäck, schließlich sind davon reichlich auf Ihrem Kleid vorhanden.

Kinder tun schlichtweg Dinge, die den Vorstellungen der Eltern und der Familie missfallen. Einfach gesagt, wir sprechen bereits von Nestbeschmutzung, wenn Kinder sich zu einem Individuum und nicht zum Abziehbild der Eltern entwickeln.

Was ein Nestbeschmutzer ist, haben wir an dieser Stelle nun geklärt. Und dass Nestbeschmutzung ein sehr weitverbreitetes Phänomen ist und sich Eintritt in viele Familien verschafft, begrüßen Sie sicher inzwischen mit Begeisterung!

Nestbeschmutzung schafft Individualität und Authentizität!

Verändern Sie die Sichtweise auf Ihre Familie und durchschauen Sie endlich ihre finsteren Machenschaften! Hören Sie auf, den Sündenbock der Familie zu spielen! Binden Sie ihn an einen Pflock und lassen Sie ihn in aller Ruhe grasen. Werden Sie ein selbstbewusster Nestbeschmutzer, der die Paragrafen des Familiengesetzbuches Ihrer Familie mit Freuden bricht!

JETZT STELLT SICH NOCH DIE FRAGE, WELCHER TYP NESTBESCHMUTZER SIE SIND

Sie sind sehr flexibel und sehr anpassungsfähig.
Besonders, wenn es um Ihre Familie geht. Sie sind auch kreativ. Sie wissen, dass viele Wege nach Rom führen. Das Problem ist nur, dass Ihnen die Wege nach Rom immer wieder abgeschnitten werden. Egal, was Sie tun, Sie kommen nicht an. Sie bleiben auf der Strecke. Ihre Familie hat einfach irgendwann beschlossen, dass Sie eine karmische Verbindung zu einer Fußmatte haben und diese Verbindung in jedem Fall gefördert werden muss. So liegen Sie nun immer wieder und gern gesehen als dekorative Fußmatte im Hausflur Ihrer Lieben

und werden mit Fußtritten bedacht. Sie harren aus, schließlich kennen Sie es nicht anders. Sie sind als ruhende Fußmatte sehr berechenbar. Und berechenbar findet Ihre Familie ganz klasse. Im Geheimen wären Sie gerne ein fliegender Teppich, der sich in die Lüfte begibt und endlich allen davonfliegt.

Flexibel sind Sie, weil Sie, egal, wie Sie sich verhalten, was Sie sagen oder tun, ganz sicher nicht gehört werden. Ob Sie sich Mühe geben oder nicht, ob Sie sich anpassen und fügen oder erste Versuche unternehmen, leise und vorsichtig zu revoluzzern. Sie scheitern. Sie werden nicht gehört. Nicht gesehen. Es ist gerade so, als würden Sie einen Zauberumhang tragen, der Sie unsichtbar sein lässt, und anstatt Ihrem sensiblen Charakter mit Offenheit, Respekt und Einfühlungsvermögen zu begegnen, wird einfach über Sie hinweggetrampelt. Wie von einer wild gewordenen Herde Bullen werden Sie von Ihren Lieben überrannt. Während Sie dort liegen und sich fragen, was das alles soll, hat Ihre Familie bereits vergessen, dass Sie überhaupt noch da sind. Das wird sich nun ändern. Sofort!

Sie haben immer perfekt funktioniert.
Das Wort Perfektion hat Ihretwegen in der Weltgeschichte eine völlig neue Bedeutung und Dimension erreicht. Sie haben einfach alles geschafft. Sie haben beruflich geglänzt, sind vorher mit großen Schritten durch die Schule gegangen, Sie waren niemals krank. Und wenn, dann haben Sie auch mit fieberrotem Kopf behauptet, Sie seien errötet, weil Sie so gerührt wären, dass Ihre Lieben Ihnen alle erdenklichen Arbeiten im heimischen Nest zugetraut und Sie gebeten hätten, alles pflichtbewusst und gewissenhaft zu erledigen. Natürlich haben Sie dies sehr gerne getan, denn Sie wollten immer nur das Eine: perfekt sein.

Leider ist Ihnen aber vor Kurzem ein markanter Fehler unterlaufen. Sie konnten Ihr Highspeedtempo nicht halten. Sie sind zwischendurch erschöpft gewesen und haben Ihr bisheriges Leistungsniveau nicht mehr erreicht. Leider ist der Mensch aber ein Gewohnheitstier, und Ihre Lieben waren durch Ihr Tun so erfolgsverwöhnt, dass sie nun wirklich enttäuscht von Ihnen sind und Ihnen dies zentimeterdick aufs Brot streichen. Sie lassen seitdem keine Gelegenheit mehr aus, Sie damit zu konfrontieren, Sie wären leider doch nicht so perfekt, wie Sie glaubten zu sein, und hätten dem Wort Perfektion nun jeden Glanz genommen. Sie selbst ziehen sich diesen Schuh leider an, auch wenn er nicht passt, und fühlen und glauben es tatsächlich: Sie sind ein Versager, der seiner Familie Schande gemacht hat. Pech gehabt. Leider gescheitert. Setzen, 6! In Ihrer Familie sollten Sie sich jetzt erst mal nicht wieder blicken lassen. Unperfekt, wie Sie sind!

Sie lieben das Risiko.
Sie haben sich früh entschieden, immer genau das Gegenteil von dem zu tun, was von Ihnen erwartet wurde. Erwartungen sind für Sie dazu da, sie zu enttäuschen – bitter zu enttäuschen, und Ihre Familie damit in den Wahnsinn zu treiben. Ihre Lieben wünschen sich nur das Eine, seit Sie auf der Welt sind: Sie wollen zur Ruhe kommen. Eine Ruhe, die Sie nicht bereit sind, ihnen zu geben. Sie erstürmen immer neue Gipfel der Erwartungsverweigerung. Gipfelspringen liegt bei Ihnen im Trend. Sie wollen allen zeigen, was geschieht, wenn man von Ihnen etwas verlangt, von dem Sie selbst so gar nicht überzeugt sind.

Sie haben zum Beispiel Beulen in das Auto Ihres Vaters gefahren, weil Sie ihm beweisen wollten, dass nichts im Leben perfekt ist, auch nicht sein Oberklassewagen. Sie sind auf

Hausdächer geklettert und haben dort auch übernachtet, weil Sie Ihren Eltern beweisen wollten, dass es wichtig ist, das Leben aus einer anderen Perspektive zu betrachten. Sie haben in der Adoleszenz wild vor der Haustür Ihrer Eltern geknutscht, weil Sie demonstrieren wollten, dass Liebe zutiefst frei ist. Und Sie haben natürlich immer in aller Öffentlichkeit gesagt, was Sie wirklich dachten. Sie haben sich selbst versprochen, nie zu lügen, weil Beichtstühle einfach uncool sind. Ihre Familie versucht immer noch vergeblich, Sie unter Kontrolle zu halten, doch dies ist so aussichtslos, wie wenn Weihnachten und Ostern auf einen Tag fielen.

Sie denken sich: Lieber schlechte Aufmerksamkeit als gar keine Aufmerksamkeit. Auf diese Weise können Sie das uneingeschränkte Interesse Ihrer Eltern auf sich ziehen und endlich auf sich aufmerksam machen. Mit anderen Versuchen diesbezüglich sind Sie trotz größter Bemühungen all die Jahre zuvor leider gescheitert.

Sie leben an einem der schönsten Orte der Welt.
Inmitten einer immergrünen Sommerwiese, auf der Gänseblümchen und Pusteblumen wachsen, wohnen Sie sicher und behütet in einem Holzhaus mit einer Veranda, auf der ein kuscheliger Schaukelstuhl steht, in dem Sie gerne vor sich hin moven. Auf der Veranda steht ein Tisch mit vielen Stühlen, kleine Tischkärtchen weisen dem potenziellen Besucher seinen Platz. Und wenn Sie nicht gerade im Schaukelstuhl sitzen, Blumen pflücken oder Kuchen backen, warten Sie mit ausgebreiteten Armen auf der Schwelle der Veranda auf all Ihre lieben Familienmitglieder. So gerne kommen diese zu Ihnen und freuen sich auf den Besuch im AGA-GATO-Land (**Alles-ganz-ganz-toll-Land**). Im Land der immer scheinenden Sonne und der Gänseblümchen. Im einem Land, wo die Welt noch in

Ordnung ist. Sie lieben Ihre Familie, und Ihre Familie liebt Sie. Es läuft aber auch alles so gut bei Ihnen, weil Sie Ihren Lieben keinen Ärger, sondern frisch gebackenen Kuchen machen.

Doch leider haben Sie mich nun kennengelernt. Ich stehe direkt neben Ihnen auf Ihrer Sommerwiese im AGA-GATO-Land und ich habe Ihnen etwas mitgebracht. Nein, es sind keine Kuchenrezepte, keine neuen Tischkärtchen in Schönschrift. Es ist etwas viel besseres. Es ist ein neuer Freund, der Sie ab heute durch Ihr Leben begleiten wird: Seien Sie ganz leise, denn er schläft und hält seine Augen in der Sommersonne fest geschlossen. Es ist ein kleiner, süßer Maulwurf, den ich auf einem Lavendelfeld in der Provence getroffen habe und ihm von meinem Projekt erzählt habe. Er war sofort begeistert und wollte das AGA-GATO-Land samt Ihnen gerne kennenlernen. Er hat eine Mission. Eine Mission, die nur er und ich kennen. Und in wenigen Augenblicken auch Sie: Ich werde unseren kleinen französischen Freund nun statt auf seinem Lavendelfeld mit Ihrem Einverständnis auf Ihrer Sommerwiese aussetzen und ihn bitten, anstatt provenzalische Lavendelwurzeln anzuknabbern, hier einmal ganz tief unter der Erde zu graben, um zu sehen, ob es nicht doch vielleicht eine klitzekleine Sache gibt, die bezüglich Ihrer Familie nicht im Einklang ist. Wollen wir wetten, dass er mit seinen großen Schaufeln etwas freigraben wird?! Willkommen im FAGA-GATO-Land (Fast-alles-ganz-ganz-toll-Land)!

Sie sind ein absoluter Gewinner.
Theoretisch wissen Sie dies, praktisch jedoch möchte ich Ihnen noch bei einer entscheidenden Sache behilflich sein. Und zwar dabei, Ihr vorhandenes Potenzial als Nestbeschmutzer und Revoluzzer freizulegen. Dies halten Sie nämlich gerne versteckt in den Katakomben Ihres Unterbewusstseins. Das

wollen wir nun verändern, und genau dafür habe ich auch Ihnen heute einen Freund mitgebracht. Er ist ein berühmter Bildhauer und arbeitet in einem Marmorsteinbruch in der Toskana. Er ist mir gefolgt, um heute ein völlig neues Projekt zu beginnen und damit eine große Herausforderung anzunehmen. Er möchte am lebenden Menschen arbeiten statt am schönen, aber kühlen Marmor in seinem Steinbruch.

Er ist ein wirklicher Meister, denn er geht sehr sensibel vor und kommt immer zu beeindruckenden Ergebnissen. Er wird vorsichtig und mit dem nötigen Fingerspitzengefühl an seine Arbeit gehen. Sind Sie bereit? Wunderbar. Er wird nun langsam alle Mauern abtragen, die Sie bisher daran gehindert haben, etwas zu tun, womit Ihre Familie nicht einverstanden sein könnte. Sie sind grundsätzlich inspiriert, und doch verbirgt sich hinter den Mauern Ihrer Vernunft Ihre Angst, gegen den Strom zu schwimmen und möglichen Repressionen geradewegs ins Gesicht zu schauen. Abgründe, in die Ihre Familie vermutlich stürzen würde, wenn Sie erst einmal damit beginnen, das Unschuldslamm, das Sie vorgeben zu sein, auf die saftige Wiese am Nordseedeich zu entlassen.

Wenn mein lieber Freund aus Italien sein Werk vollbracht hat, werden Sie tollkühn über sich hinauswachsen und endlich loslegen können, Ihr Potenzial zu leben. Er wird Ihr Potenzial freilegen, ungehindert Dinge zu tun, die Ihre Familie in unruhige Schwingung versetzen wird und sie niemals wieder sicher sein lässt, ob Sie wirklich ein Unschuldslamm sind, das brav allen Regeln folgt, oder ob sich hinter Ihrem wahren Selbst ein kleiner mutiger Rebell verbirgt. Wir werden sehen. Lassen wir unseren Bildhauer nun seine Arbeit tun. Einverstanden?

Was also glauben Sie, hat bei Ihnen dazu geführt, dass Sie zum Nestbeschmutzer wurden und folglich als vogelfrei gelten?

Na, kommen Sie, mir können Sie es anvertrauen:

_____

_____

_____

_____

_____

_____

_____

_____

_____

_____

_____

_____

_____

_____

_____

Lassen Sie uns Klartext reden: Ich denke, in einem wesentlichen Punkt können wir beide uns sicher sein: **Sie haben nicht funktioniert.** In irgendeinem Bereich Ihres Lebens haben Sie nicht die Leistung erbracht, die von Ihnen erwartet wurde. Punkt.

Für all diese Formen der Nestbeschmutzung, versuchten Nestbeschmutzung, gescheiterten Nestbeschmutzung oder Nestbeschmutzung in spe muss sich Ihre Familie nun rechtfertigen. Vor Freunden, Familienmitgliedern, aber vor allem – und eventuell am allerschlimmsten – vor den Kollegen und den Nachbarn. Denn die haben schließlich auch ganz auf Sie gesetzt! Das wird Ihrer Familie sicher die Schamesröte ins Gesicht treiben. Wie konnten Sie ihr das nur antun?

Schließlich haben sich besonders Ihre Eltern viele Jahre lang damit beschäftigt, sich das perfekte Bild von Ihnen auszumalen und dieses geradewegs in Granit zu meißeln. Irrtum ausgeschlossen. Dieser Granitbrocken steht unerschütterlich auf dem elterlichen Kaminsims und schaut Sie bei jedem Antrittsbesuch verzweifelt an. Sie wissen längst, dass Sie ihm nicht gerecht werden, und er weiß das auch.

Und jetzt stellt sich nur noch die Frage, ob Sie ein Nestbeschmutzer sind, der sich mit dieser Auszeichnung wohl und wonnig fühlt und Sie trotz der Nestbeschmutzungen nachts ruhig schlafen?! Sozusagen ein Nestbeschmutzer, der Nestbeschmutzungen als absolut legal empfindet. Ja? Dann lesen Sie weiter! Auch Sie können noch dazulernen!

Oder haben Sie bisher eher immer nur heimlich mit dem Gedanken gespielt, ein kleines bisschen gegen den Strom zu schwimmen? Ist Ihre Fantasie noch im Entwicklungsmodus, und können Sie sich in der Konsequenz einfach noch nicht vorstellen, dass etwas in Ihrer Familie aus dem Ruder läuft, oder entzieht sich jede unbeabsichtigte Meuterei gegen Ihre Familie Ihrem Vorstellungsvermögen? Sie haben bereits – vor Ihrer Geburt – aufgegeben, daran zu glauben, dass die Karte mit dem großen roten A innerhalb Ihrer Familie an jemand anderen übergeht? Keine Rettung schien in Sicht?

Und wenn Sie keine dieser Fragen mit JA beantworten konnten, dann wird es aber höchste Zeit! Denn Nestbeschmutzung ist der erste Schritt zu einem freien, individuellen Leben! Tun Sie was! Trauen Sie sich und sagen Sie endlich **JA!**

Oder haben Sie eine dieser Fragen leise und verschämt mit JA beantwortet und grämen sich jetzt, weil Sie versehentlich das Familiennest beschmutzt haben? Nachts wälzen Sie sich deshalb unruhig in Ihrem Gitterbettchen hin und her und fragen sich, wie das geschehen konnte?

Befinden Sie sich wegen Ihrer Nestbeschmutzung, versuchten Nestbeschmutzung, gescheiterten Nestbeschmutzung, Ihrer Nestbeschmutzerfantasie oder Nestbeschmutzung in spe in einer Abwärtsspirale, die sich samt Widerhaken immer tiefer in die Erde gräbt, weil Sie nicht im Sinne der familiären, ethischen Werte – nach dem Familiengesetzbuch – gehandelt haben?

Scheint Ihr Karma jetzt verloren? Fühlt es sich wie ein Sturzflug an und zwar kopfüber ins Nichts? Avancieren Sie in Ihrer Familie nun auch noch zum Sündenbock? Sind Sie grundsätzlich sowieso an allem schuld, auch wenn Sie gar nicht in der Stadt waren? Dabei wollten Sie doch Ihrer Familie immer gefallen und ihr das Leben nicht unnötig schwer machen. Sie sind nur versehentlich zum Nestbeschmutzer geworden und werden nun auch noch mit Liebesentzug bestraft.

Es wird Zeit, dass das aufhört. Und zwar sofort!

Wir begeben uns nun auf eine gemeinsame Reise, die Ihnen die Augen öffnen wird hinsichtlich der Strukturen und Strategien innerhalb Ihrer Familie, die sich Ihren „Ausbruch" schlichtweg nicht leisten kann. Wir werden uns gemeinsam Lösungsstrategien überlegen, die es Ihnen ermöglichen werden, ein erfolgreiches Leben als **Self Love Rebel** zu führen: als ein Mensch, der sich und seine Bedürfnisse kennt, und der seine eigenen Ziele definieren und erreichen kann; der immun ist gegen Demoralisierungsversuche und Manipulationsversuche seitens seiner Familie, die ihn daran hindern sollen, ein individuelles, authentisches, erfolgreiches und glückliches Leben zu führen. Ein Self Love Rebel, der die eigenen Grenzen kennt, der sich selbst zutiefst respektiert und wertschätzt, und der Spaß im Leben hat und daran, Visionen zu entwickeln und seine Träume zu verwirklichen.

Denn dafür ist das Leben da!

Teil 1

DIE FAMILIE: VON GEHEIMEN SPIELREGELN UND FIESEN MACHENSCHAFTEN

Dieses Buch ist ein Enfant terrible und es ist stolz darauf. Es rüttelt wach, ist laut und unbequem. Genau so, wie es Ihre Familie besonders schätzt! Es will Ihnen als Nestbeschmutzer Selbstbewusstsein verleihen und Sie dazu inspirieren, Ihr eigenes Gesetzbuch zu kreieren.

Werden Sie ein echter Individualist und Freigeist! Hören Sie damit auf, es allen bis zur Selbstaufgabe recht zu machen und sich jede neue Nestbeschmutzung gründlich zu überlegen. Geliebt werden Sie von Ihrer Familie deshalb nicht mehr. Denn entweder werden Sie als Gesamtpaket geliebt oder eben nicht. Scheibchenweise sind Sie nicht zu haben. Frei nach dem Motto, wenn mein Kind tut, was ich von ihm erwarte, schenke ich ihm Aufmerksamkeit. Aber wenn es beginnt, dem Familienethos zu widersprechen, gebe ich mein Kind zur Adoption frei. Kommt Ihnen das bekannt vor?

Hören Sie damit auf, nach jeder Nestbeschmutzung reumütig zu Kreuze zu kriechen und Besserung zu geloben. Das wird nicht funktionieren, denn dieser Weg führt Sie geradewegs in eine Sackgasse. Buchen Sie stattdessen lieber ein Oneway-Ticket in die Freiheit und in ein selbstbestimmtes Leben, in dem Sie die Regie führen. Freuen Sie sich auf jede neue Nestbeschmutzung, applaudieren Sie sich dafür und werden Sie zum Wiederholungstäter. Mit Ihrem inneren Kind können Sie ein anderes Mal kuscheln! Jetzt ist es an der Zeit, dass Sie unbequem werden und sich nicht mehr mit gesenktem Kopf für alles entschuldigen, womit Sie sich selbst und in den Augen Ihrer Familie nur auf den Status eines Zwergkaninchens herabsetzen!

Sie drehen den Spieß jetzt um. Was halten Sie davon?

Um zum Wiederholungstäter werden zu können und in die Profiliga der Nestbeschmutzer aufzusteigen, ist es notwendig, dass Sie die geheimen Spielregeln Ihrer Familie durchschauen. Denn die manipulativen Machenschaften des Familienmobs sind nicht zu unterschätzen. Schließlich sollen diese Strategien ihr Ziel, Sie am Nestbeschmutzen zu hindern, nicht verfehlen. Es wird Zeit, dass Sie ihnen endgültig das Handwerk legen, um endlich freie Bahn beim Nestbeschmutzen zu haben. Denn dann macht Nestbeschmutzen gleich doppelt so viel Spaß. Sie werden schon sehen! Doch wir gehen die Sache langsam an. Zunächst möchte ich Sie etwas besser kennenlernen.

VOM VERSUCH, DEN ERWARTUNGEN ZU ENTSPRECHEN

UNGESUNDE VERBIEGUNGEN

Haben Sie sich in der Zeit vor Ihrer (versehentlichen) Nestbeschmutzung so richtig in alle Himmelsrichtungen verbogen, damit Ihre Familie stolz auf Sie ist? Wenn Ihre Familie glücklich war, dann waren Sie es auch?

Wo wehte Ihnen in Sachen Verbiegungen ein strenger Wind um die Nase? Und gab es auch Orte, wie vielleicht im tiefen Süden, an denen Sie sich vor den Verbiegungen wenigsten ein wenig aufwärmen konnten, ohne sich eine schmerzhafte Zerrung zuzulegen? Sie wissen nicht, was ich meine? Hier kommt auch schon ein Beispiel:

Steife Brise aus Nord:
Sie fahren das einzige Auto in Ihrer Familie. Natürlich haben alle eine Standleitung zu Ihnen. Werden Sie als Fahrer benötigt, sind Sie sofort einsatzbereit. Egal, wo Sie sind. Aufwärmen an einem warmen Ort müssen Sie sich dafür nicht. Sie springen ins Auto und beeindrucken Ihre Lieben durch Ihre Fahrkünste. Ohne nachzudenken rasen Sie allzeit bereit quer durch die Stadt. Täglich. Willkommen im Norden!

33

Gibt es bei Ihnen ähnlich selbstverständliche übergriffige
Situationen?

Subtile Fallwinde aus Süd:
Sie werden erstmals gebeten, den Weinkeller Ihres Vaters neu
zu sortieren. Zeit Ihres Lebens haben Sie darauf gewartet, dass
Sie endlich gefragt werden. Bisher durfte dies nämlich nur Ihr
stets gut funktionierender Bruder tun. Sie sind so überrascht
über dieses Angebot, dass Sie einen Moment lang zögern und
sich für diese komplexe Aufgabe erst einmal warm machen
möchten. Außerdem denken Sie im Unterbewusstsein darüber nach, warum Sie gefragt wurden. Da fällt Ihnen ein, aber
nur ganz kurz, dass Ihr Bruder sein Amt abgeben musste, da
er das Land aus beruflichen Gründen verlassen hat. Zeit haben Sie eigentlich keine, daher brauchen Sie jetzt sofort einen
Schlachtplan, der Ihren Arbeitgeber davon überzeugt, Sie vier
Wochen lang am Abend früher gehen zu lassen – Ihren Vater
lassen Sie nicht warten! All diese Dinge brauchen Zeit und
daher wärmen Sie sich im Süden etwas auf, um alles genau zu
planen. Willkommen im warmen Süden!
    **Fallen Ihnen ähnliche Manipulationen ein, die Sie dazu
bringen, sich derartig zu verbiegen, um die Wünsche Ihrer
Lieben zu erfüllen?**

Anflug aus dem Wilden Westen:
Sie wollten endlich zur Ruhe kommen. Das Telefon ist aus der Wand gezogen, die Türklingel abgestellt. Die Sonne ist schon lange untergegangen. Denn das tut sie ja bekanntlich im Westen. Sogar Ihr Bett haben Sie vor Kurzem umgestellt und gen Westen ausgerichtet, um endlich besser schlafen zu können. Leider haben Sie die Rechnung ohne Ihre Mutter gemacht. Listig, wie sie ist, hat sie sich ungehinderten Zugang zu Ihnen verschafft, um Ihnen die To-do-Liste für die kommende Woche zuzustellen. Sie hören ein zartes Klopfen am Fenster. Nein, es ist nicht der kleine Häwelmann, der aus seinem fliegenden Bettchen an Ihr Fenster klopft. Es ist leider auch nicht der nette Nachbar von gegenüber, der sich im Fensterln übt. Es sind kleine, feine Steinchen, die aufdringlich gegen Ihr Fensterglas klirren. Sie wuchten sich aus dem Bett, öffnen das Fenster und sehen dem Wahnsinn direkt ins Gesicht. Wortlos und mit einem listigen Lächeln auf den Lippen lässt Ihre Mutter einen roten Ballon zu Ihnen emporsteigen, an dem unübersehbar die Liste hängt, mit allem, was Sie für Ihre Familie in den nächsten 7 Tagen zu erledigen haben. Na dann gute Nacht!

Wer ist bei Ihnen so einfallsreich dreist, um zu bekommen, was er will?

_____

_____

_____

Verzögerter Sonnenaufgang aus Ost:
Ein neuer Tag. Die Sonne geht auf und scheint Ihnen geradewegs in Ihr schönes Gesicht. Sie fühlen sich so gut, es ist

endlich Frühling und Sie sind vom Gezwitscher verliebter Vögel aufgewacht. Die Luft duftet und Ihre Laune ist jetzt schon auf dem Höhepunkt. Bis das Telefon klingelt und Ihre Schwester Sie schlecht gelaunt darauf hinweist, dass Sie einmal mehr im Sinne Ihrer Familie versagt haben und das Familiengericht einstimmig beschlossen hat, Sie vorerst nicht mehr an abendlichen Veranstaltungen im familiären Kreise teilhaben zu lassen. Schließlich haben Sie am Abend zuvor mit gezielten und offensiven Fragen versucht, Ihren Bruder aus der Reserve zu locken und ihn vom rechten Weg abzubringen. Dieser identifiziert sich immer mehr mit seinem Vater, sodass er mittlerweile nicht nur denselben Beruf wie er ausübt, sondern sogar im väterlichen Partnerlook auf die Straße geht. Ihre Schwester versucht Sie dahingehend zu motivieren, zukünftig über diese Dinge hinwegzusehen und sich der freien Meinungsäußerung zu entziehen. Schließlich sind Sie in der Familie dem Ehrenkodex verpflichtet, der besagt, dass alles, was Ihr Bruder sagt, denkt und tut in jedem Fall unterstützt und gutgeheißen wird. Na dann ... ich wünsche Ihnen einen sonnigen Morgen!

Hier scheint Überrumpeln an der Tagesordnung zu sein. Kommt Ihnen das bekannt vor und was ist konkret bei Ihnen vorgefallen?

_____

_____

_____

Sie haben hier Verdrehungen par excellence vorgenommen, um zu ermöglichen, was Ihrer Familie in den Sinn kam, und um ihr das Leben ein bisschen leichter und schöner zu machen.

Erinnern Sie sich jetzt an zwei Ereignisse in den vergangenen Wochen, bei denen Sie etwas für Ihre Familie getan haben, trotzdem es Ihrer Intuition und Ihrer inneren Stimme widersprochen hat. Sie haben sich zu etwas hinreißen lassen, was einer anderen Person in dem Moment sehr geholfen – Ihnen jedoch widerstrebt hat. Vielleicht war es ein Telefonat, das Sie eigentlich gar nicht führen wollten, oder Sie haben zugestimmt, etwas Bestimmtes für jemanden zu tun, auch wenn Sie gespürt haben, dass es Ihre eigenen Kräfte übersteigt.

Beginnen Sie nun mit der Himmelsrichtung, in der bekanntlich eine besonders steife Brise weht.

Nord:

_____

_____

_____

_____

Was ist in den anderen Himmelsrichtungen geschehen?

Süd:

_____

_____

_____

_____

West:

_____

_____

_____

_____

Ost:

_____

_____

_____

_____

Wie hat es sich bisher angefühlt, ein Leben zu führen, das fast – außer der Nestbeschmutzung – allen Ansprüchen seitens Ihrer Familie gerecht wurde?

Bitte kreuzen Sie die für Sie zustimmenden Aussagen an:

☐ Ich bin sehr stolz darauf, dass ich den Ansprüchen meiner Familie immer gerecht werde. Sich meiner Familie in möglichst vielen Wünschen anzupassen, inspiriert mich.

☐ Allen gerecht zu werden, ist mir wichtig, denn dann freue ich mich besonders über die mir entgegengebrachte Freundlichkeit.

☐ Sich in alle Himmelsrichtungen für meine Familie zu verbiegen, finde ich großartig, denn es trägt dazu bei, dass mein Körper fit, elastisch und gesund bleibt und mir immer ein frischer Wind um die Nase weht.

☐ Das Wohl meiner Familie liegt mir sehr am Herzen. Erst, wenn sie glücklich ist, dann bin ich es auch.

☐ Wenn ich mich sehr anstrenge und verbiege, schaffe ich es, meine eigene Leistungsgrenze zu erweitern und härte ab. Dann stehe ich voll im Leben.

☐ Wenn ich mich durch all die Verbiegungen erschöpft fühle, dann weiß ich am Abend wenigstens, was ich getan/geleistet habe.

Na, ich denke, das ist noch steigerungsfähig. Was meinen Sie?

_____

_____

_____

_____

Wenn Sie sich immer wieder für Ihre Familie und auch für andere Menschen in Ihrem Leben verbiegen, gehen Sie damit über Ihre eigenen Grenzen.

Sie verlernen, es zu fühlen, wo Ihre eigenen Grenzen sind, und übernehmen stattdessen die Grenzen Ihrer Lieben, die ja, wie wir wissen, grenzenlos sind! Zumindest, was Sie betrifft. Zu dieser Grenzenlosigkeit fühlt sich Ihre Familie geradezu eingeladen, weil Sie selbst Ihre Grenzen flexibel gestalten und verschieben, je nachdem, was gerade von Ihnen gefordert wird.

Verbiegungen mögen im physischen Sinne gesund sein und Sie ersparen sich damit den Gang ins Yogastudio. Innerlich jedoch führen sie dazu, dass Sie Wege beschreiten, die eigentlich gar nicht Ihre sind. Plötzlich finden Sie sich auf einer einsamen, verlassenen Landstraße wieder, die jeden Wegweiser missen lässt.

Oder warten Sie, ein kleiner Wegweiser steht am Wegesrand und lächelt Sie an. Sie erkennen die Handschrift sofort, es ist die eines Nestbewohners, der Ihnen Ihren Weg zeigt, der Sie allerdings geradewegs ins Tal der Tränen führen wird und dort bereits mit einer neuen Aufgabe auf Sie wartet, die Sie schnellstmöglich zu erledigen haben. Sie folgen ihm, denn die Handschrift wirkt allzu vertraut und all das, was Ihnen vertraut erscheint, befinden Sie automatisch für gut. Hinterfragen zwecklos.

Dies hat zur Folge, dass Sie Ihre inneren Grenzen nicht mehr klar wahrnehmen. Sie ignorieren ungewollt Ihre eignen Wünsche. Somit sind Sie in einem ungesunden Sinne flexibel. Sie richten Ihren Fokus nach außen, um es zu allererst anderen Menschen recht zu machen und ihnen zu gefallen. Sie verletzten sich damit selbst und lösen ein inneres Stressreaktionsmuster aus, das Ihnen gesundheitlich erheblich schadet.

STRESS MEETS IMMUNSYSTEM

Wenn Sie sich überfordert und von Ihren Lieben bedroht fühlen, geraten Sie in Stress. Statt Glückshormone zu produzieren, die Ihren Teppich zum Fliegen bringen würden, hat Ihr Körper andere Pläne. Mithilfe von Hormonen wehrt er sich gegen Ihre Lieben beziehungsweise gegen das, was diese in Ihnen auslösen. Und dies ist nichts Gutes: Ihr Herzschlag wird schneller, der Blutdruck steigt – und alles nur, weil Ihre Familie Sie schon wieder in den Wahnsinn treibt oder Sie als Fußmatte zweckentfremdet. Weil dies aber sogar für Ihren Astralkörper sehr anstrengend ist, muss Ihr Organismus sich wieder beruhigen und dafür in Sachen Hormonproduktion nun ganz tief in die Tasche greifen. Das ist dringend notwendig, denn als Überraschungspaket hält Ihr Körper ansonsten Entzündungsreaktionen bereit, die keiner will. Sie auch nicht. Das Problem ist, wenn Sie nicht damit aufhören, sich von Ihrer Familie ärgern zu lassen, stehen Sie dauerhaft unter Stress und haben zu viel Cortisol in Ihrem Blut. Dieses Hormon hätte sich den anstrengenden Ausflug gerne erspart. Und für Sie bedeutet dies, dass Sie nun nicht mehr im Gleichgewicht sind. Sie sind jetzt zwar beruhigt, dafür aber anfälliger für Infekte jeder Art (virale und bakterielle Infektionen). Auch Autoimmunerkrankungen, Hauterkrankungen und Allergien können Sie nun gemeinsam mit Ihrer Familie plagen.

Was denken Sie: Sind das nicht verlockende Aussichten, zukünftig *nicht mehr* in Resonanz mit dem Familienmob zu gehen?!

Woran werden Sie in der Zukunft merken, dass Sie Ihren Körper in den Stressmodus katapultieren? Gibt es kleine Warnzeichen, die Sie daran erinnern, dass Sie geradewegs auf eine stressbedingte körperliche Entgleisung zusteuern?

Zum Beispiel ...

☐ ... zieht sich Ihr Magen merklich zusammen und verknotet sich scheinbar mit Doppelschleife, wenn Sie sich zu etwas hinreißen lassen, das Ihnen eigentlich widerstrebt.

☐ Sie liegen vor dem Einschlafen länger wach, Ihr Herz schlägt merklich zu schnell, während Sie sich an das Geschehene in Ihrer Familie erinnern.

☐ Ihre Hände verkrampfen sich immer dann, wenn ein Telefontermin mit einem Familienmitglied ansteht.

☐ Sie werden trotz Sportlerlunge merklich kurzatmig bei der Vorstellung, Ihren Eltern von Ihren neuesten Verfehlungen zu berichten (z.B. Gehaltserhöhung nicht erreicht).

☐ Sie vergessen das Atmen geradezu, sodass sich Ihr Körper anfühlt wie eine zusammengequetschte Zitrone bei der Vorstellung, dass das nächste Weihnachtsfest leider schon seit 355 Tagen vergangen ist.

☐ Ihre Haut fängt an zu jucken, wenn Sie an den bevorstehenden Familienausflug denken.

Gibt es ähnliche Frühwarnzeichen bei Ihnen?

Achten Sie ab heute auf diese Frühwarnzeichen! Den Körper zu stressen, ist ab heute nicht mehr im Trend. Jedenfalls nicht bei Ihnen! Chillen Sie lieber und lassen Sie die Verbiegungsmanipulationsversuche und die üblichen Provokationen seitens Ihrer Lieben einfach im Sande verlaufen.

Sie sind auf dem besten Weg!

DIE UNERREICHBARE MESSLATTE

Stellen Sie sich Ihre Familie als einen wilden Haufen grölender Fußballfans vor. Sie werden angefeuert, damit Sie zu Höchstleistungen auflaufen. Höchstleistungen zu vollbringen, finden Sie klasse. Wer möchte schließlich nicht eines Tages auf dem familiären Olymp stehen und von oben glücklich herablächeln? Solange Sie funktionieren, lächelt Ihre Familie auch.

Sie sind ein wichtiges Rad im Getriebe Ihrer Lieben. Wenn sich dieses Rad nun erfolgreich dreht, gerät der Familienmotor reibungslos in Bewegung und fährt Ihre Lieben genau da hin, wohin sie es möchten. In jedem Fall aber fährt er **Ihre Familie** und *nicht Sie* an die Orte ihrer Wahl. Ihre Wünsche sind an dieser Stelle völlig uninteressant. Denken Sie an den Granitblock. Er steht immer noch an Ort und Stelle!

Momentan finden Sie die Vorstellung noch sehr verlockend, durch Ihre Messlattenperformance lebenslang im Kreise der Familie willkommen zu sein. Das ist schon etwas ganz besonderes, nicht? Dies ist auch nicht selbstverständlich. Natürlich nicht. *Bedingungslos* ist für Sie grundsätzlich nicht vorgesehen. Wo denken Sie hin? Sie müssen sich natürlich alles verdienen – und das wollen Sie doch auch, oder? Umsonst ist im Leben einfach nichts. Und schon gar nicht Liebe. Sie müssen emsig sein wie die Bienen. Um Ihre Leistungen bienenstockmäßig besser und exakter kontrollieren zu können, gibt es eben jene Messlatte, die wir uns nun etwas genauer anschauen. Sind Sie bereit?

Wenden wir uns also noch einmal der **Messlatte** an Erwartungen zu. Ihrer Messlatte.

Wie gut kennen Sie eigentlich die in schwindelerregende Höhe hochgeschnellte Messlatte, auf der Ihr Name steht?

☐ Sehr gut

☐ Gut

☐ Vage

☐ Welche Messlatte?

Na, dann werde ich Ihnen mal auf die Sprünge helfen: Messlatten dienen dazu, Sie zu bewerten und auch zu manipulieren. Ihre Messlatte, die Sie von Ihrer Familie zur Geburt geschenkt bekommen haben, misst, wie gut Sie im Sinne Ihrer Familie funktionieren. Zum Beispiel: Wie erfolgreich Sie Familiengeheimnisse bewahren können, wie wenig Sie sich gegen Ihre Eltern auflehnen, wie oft Sie ja sagen und wie gut es Ihnen gelingt, das Wort Nein aus Ihrem Wortschatz zu streichen.

Eine solche familiäre Messlatte jemals zu erreichen, ist äußerst diffizil. Das Schwierige ist, dass immer dann, wenn Sie glauben, die Messlatte mit den Fingerspitzen erreichen zu können, sie etwas weiter nach oben rutscht. Und nun raten Sie mal, wer diese Messlatte heimlich manipuliert und gen Himmel befördert: Ganz genau, Sie haben es durchschaut! Es ist Ihre Familie.

Und warum macht Ihre Familie so etwas? Genau! Damit Sie das Gefühl bekommen, sich nicht ausreichend bemüht, nicht genug getan zu haben und schlichtweg nicht gut genug zu sein – und sich deshalb schuldig fühlen. Schuldig und unzulänglich möchten Sie sich aber nicht fühlen. Deshalb strengen Sie sich jetzt richtig an, damit Sie endlich die Aufmerksamkeit Ihrer Familie erhalten und das Gefühl bekommen, um Ihrer selbst willen geliebt zu werden.

Doch da können Sie lange warten. Das hat Ihre Familie gar nicht für Sie vorgesehen. Es steht nicht im Familienprotokoll. Denn das Spiel macht Ihrer Familie nur Spaß, wenn Sie sich ihrer Liebe und Anerkennung nicht zu sicher sind. Um Sie bei Laune zu halten, gibt es immer mal wieder *Güezis* (so sagen die Schweizer zu einem kleinen Keks). Denn nur wenn Sie noch freudig erregt und gut gelaunt an das Erreichen der Messlatte glauben, sind Sie für Ihre Familie als scheuklappentragender Leibeigener geeignet. Widerstandslos und zu allem bereit.

Ein Güezi, das Ihre Familie Ihnen gerne gibt, ist das Loben. Sie werden immer mal wieder für Kleinigkeiten gelobt und das fühlt sich so gut an. Sie saugen diese kleinen Güezis auf wie ein Schwamm das Wasser. Endlich freundliche Aufmerksamkeit seitens Ihrer Lieben! Darauf haben Sie so lange gewartet. Und weil sich das so toll anfühlt, geben Sie sich jetzt besondere Mühe, die an Sie gerichteten Erwartungen (Messlatte) zu erfüllen. Von diesem guten Gefühl wollen Sie unbedingt mehr!

Jetzt kommt die schlechte Nachricht: Seit Ihren (versehentlichen) Nestbeschmutzungen sehen Sie die Messlatte nur noch am fernen Horizont und fragen sich, was Sie tun können, damit sie sich Ihnen wieder nähert. Dann wäre doch alles gut. Oder eben nicht?

DAS TRÜGERISCHE PUNKTEKONTO

Eigens zum Erreichen der Messlatte hat Ihre Familie vor Ihrer Geburt ein Punktekonto für Sie angelegt und Ihnen in den ersten Kindheitsjahren in Aussicht gestellt, was Sie alles bekommen werden, wenn dieses Punktekonto gut gefüllt ist. Es sind so schöne Dinge dabei: Zum Beispiel werden sich Ihre Eltern Ihnen freundlich zuwenden und sich für alle Bereiche Ihres Lebens interessieren; Sie werden in schwierigen Lebensphasen ein wichtiger und gefragter Ansprechpartner sein und Ihrer Familie beistehen dürfen; Sie werden Teil der Familie und ein gern gesehener Gast bei Familientreffen sein – und Ihre Familie wird Sie grundsätzlich in allen Vorhaben unterstützen und Ihnen zu Ihrem gelungenen Leben applaudieren.

Wichtig ist Ihrer Familie, dass Sie stets etwas auf Ihr Konto einzahlen. Je mehr, desto besser. Sie können eine maximale

Punktzahl von 10.000 Punkten erreichen. Basispunkte gibt es zum Beispiel dafür, wenn Sie Dienstbotengänge für Ihre Familie erledigen, sie hin und her chauffieren und ihnen stets tatkräftig zur Seite stehen. Extrapunkte gibt es, wenn Sie Lebensgefährten wählen und präsentieren, die auch Ihrer Familie gefallen, und Sie beruflich die Ziele verfolgen, die Ihnen ans Herz gelegt werden – wenn Sie es also schaffen, Ihr Leben ganz nach dem Ihrer Familie auszurichten. Weitere Bonuspunkte können Sie sich verdienen, wenn Sie in Ihrer Familie gute Stimmung verbreiten und förderliche Qualifikationen im Bereich der zwischenmenschlichen Kommunikation mitbringen. So können Sie kostenlos Ihre Eltern in Eheschwierigkeiten beraten, denn diese sollen natürlich nicht an die Öffentlichkeit geraten. Ihre Aufgabe ist es unter Umständen, zu überwachen, ob das Gleichgewicht in der Familie zufriedenstellend hergestellt ist. Ebenso zahlt es sich aus, wenn es Ihnen gelingt, Ihre Familie wie ein Hofnarr bei Laune zu halten, damit Ihre Lieben die herrschende chronisch schlechte Stimmung nicht so sehr spürt.

Sie verlieren hingegen Punkte, wenn Sie Ihren Eltern widersprechen, Zweifel über Ihre Familie äußern, sich zurückziehen und schweigend beim wöchentlichen Teetrinken sitzen. Besonders großen Punkteabzug gibt es natürlich auch dann, wenn Sie die Paragrafen des Familiengesetzbuches missachten oder sogar brechen. Ihre Familie stellt Ihnen regelmäßig in Aussicht, dass Sie fast 9.990 Punkte erreicht haben und Ihnen der Familienhauptpreis bereits von der Siegertribüne winkt: lebenslang im fürsorgenden und warmen Nest Ihrer Familie aufgehoben zu sein. Sie strengen sich jetzt richtig an, denn dieser Hauptpreis erscheint Ihnen allzu verlockend.

Was Sie nicht wissen und auch niemals erfahren dürfen, ist, dass Sie die volle Punktzahl niemals erreichen werden. Dieses

Abkommen hat Ihre Familie am Tag Ihrer Geburt getroffen. Denn für Ihre Familie ist es schließlich von höchster Bedeutung, dass Sie Ihr Leben lang emsig damit beschäftigt sind, ihr zu gefallen, sie zu bauchpinseln und alles, einfach alles für sie zu tun. Also kurz gesagt: Punkte zu sammeln. Wenn Sie wüssten, dass Sie den Hauptpreis – den lebenslangen Aufenthalt im warmen Familienschoß – niemals erhalten werden, würden Sie sich vermutlich nicht mehr so anstrengen. Und genau dagegen hätte Ihre Familie einiges einzuwenden.

Nun zu Ihrem persönlichen Punktekonto:
Welche Punktzahl, glauben Sie, haben Sie von möglichen 10.000 Punkten bisher schon erreicht?
_____Punkte

Für was genau sind Ihnen bislang Punkte verliehen worden, und bei welchen Ereignissen gab es Punktabzug?

Basispunkte
Basispunkte erhalten Sie, wenn Sie in Ihrer inneren Grundhaltung Ihrer Familie entsprechen.

Extrapunkte
Extrapunkte erhalten Sie, wenn Sie Ihr Leben erfolgreich so gestalten, wie es Ihre Familie für Sie vorgesehen hat. Sie haben die Karriereleiter ohne Ausfallschritt souverän erklommen, Sie sind mit der Enkelkinderproduktion im Zeitplan, und auch Ihre Freunde sind jederzeit hochmotiviert, Ihrer Familie tatkräftig unter die Arme zu greifen.

Bonuspunkte

Bonuspunkte haben Sie sich verdient, wenn Sie trotz eigener potenzieller Sorgen die Verantwortung dafür übernehmen, dass sich vor allem Ihre Lieben emotional gut versorgt fühlen. Sie haben immer ein offenes Ohr und stellen Ihr Leben ganz selbstverständlich an zweite Stelle. Oder gar an letzte. Je nach Tagesverfassung.

Punktabzug

Machen wir es kurz: Wenn Sie einmal mehr die im Sinne der Familie von Ihnen erwartete Leistung nicht erbracht haben ...

Was genau erwartet Ihre Familie von Ihnen? Womit versetzen Sie sie in höchste Freude?

Meine Familie schreit auf vor Entzücken, wenn ich mich in den folgenden Disziplinen wie verhalte:

Privat:

Beruflich:

Machen Sie das denn auch – oder gehen Sie etwa andere Wege? Für diesen Fall rechtfertigen Sie sich bitte jetzt:

Privat:

_____

_____

Beruflich:

_____

_____

Hatte etwas davon merklich einen Punkteabzug zur Folge?

Privat:

_____

_____

Beruflich:

_____

_____

Wie viele schlaflose Nächte haben Sie diesbezüglich verbracht? Und warum?
Zum Beispiel: 1 Nacht pro Quartal schlafen Sie nicht, weil Sie Ihre Karriere nicht so erfolgreich verfolgen, wie es Ihre Familie für Sie vorgesehen hat und Ihre Gehaltsstufe immer noch unter der Ihrer Geschwister liegt.

1 Nacht pro Monat schlafen Sie nicht, weil Sie daran er-

innert wurden, dass Sie nicht über all Ihre Lebensbereiche Rapport abgelegt haben.

Jeden Samstagabend schlafen Sie nicht ein, weil Sie Angst haben, das morgendliche Sonntagsgespräch mitIhrer Mutter zu verpassen. An diesen Sonntagen kontrolliert Mama immer per Videochat, ob Ihre Wohnung auch hübsch aufgeräumt ist.

Was würden Sie sagen?

☐ Höchstens 1 Nacht pro Halbjahr

Grund: _____

☐ 1 Nacht pro Quartal

Grund: _____

☐ 1 Nacht pro Monat

Grund: _____

☐ 1 Nacht pro Woche

Grund: _____

☐ Noch öfter

Grund: _____

Wie haben Sie diese schlaflosen Nächte dann verbracht?

☐ Schäfchen gezählt – und immer, wenn ich kurz davor war zu verstehen, warum ich wieder nicht schlafen kann, sind die Schäfchen alle davongelaufen.

☐ Sündenböcke gefüttert – und die Schuld gerecht auf alle verteilt.

☐ Das Familiengesetzbuch auswendig gelernt

☐ Zwergkaninchen gezüchtet – weil ich mich mal wieder selbst so klein gemacht habe, dass ich eigentlich gar nicht mehr da bin. Oder als Schatten eines Zwergkaninchens durch die Welt hoppele.

☐ Pläne geschmiedet, wie ich meine Familie beglücken kann – **STOPP! Wehe, Sie haben hier ein Kreuz gesetzt!**

Haben Sie sich auch Gedanken darüber gemacht, wie Sie das, was Sie vorgeblich verbockt haben, wieder rückgängig machen könnten?

☐ Ja.

☐ Nein.

☐ Vielleicht.

☐ Habe ich verdrängt.

☐ Ja, will ich aber nicht zugeben.

Der Impuls, zu gefallen und zu glänzen, flammt bei Ihnen immer wieder auf, wie ein kleines Teelicht, das sich verzweifelt darum bemüht, dem kalten Wintersturm zu trotzen. Sie wollen Ihre Familie nicht enttäuschen, denn schließlich zählt man auf Sie. Ihre Familie glaubt ganz fest an Sie – wenn es darum geht, dass etwas aus Ihnen wird. Damit meine ich jemanden, der sich dem Ehrenkodex der Familie bedingungslos verpflichtet fühlt und alle Erwartungen erfüllt.

Doch wir zwei haben ab heute ein Geheimnis und davon ahnt Ihre Familie sicher bisher nichts. Ich rate Ihrer Familie, sich warm anzuziehen, denn Ihre Karriere als Nestbeschmutzer hat gerade erst begonnen. Wir zwei werden nun im stillen

Kämmerlein das ein oder andere ausbrüten – und glauben Sie mir, es wird kein Ei sein, das im heimischen Nest liegen bleibt und darauf wartet, sich weiterzuentwickeln. Nein, wir beide hecken etwas aus, das Ihre Familie in Erstaunen versetzen wird.

Dieses Geheimnis, wie Sie sich selbst vom **Nestbeschmutzer** zum **Self Love Rebel** upgraden, werden Sie bitte gemeinsam mit mir hüten wie Ihren Augapfel. Sie wollen schließlich ganz ungestört Ihre Karriere als Nestbeschmutzer weiterentwickeln, ohne einen feixenden familiären Fanclub, der nur darauf wartet, dass Ihnen ein Fehler unterläuft, der Sie ins Straucheln und zu Fall bringen könnte. Was natürlich nicht passieren wird!

DAS (BISHER UNVERÖFFENTLICHTE) FAMILIENGESETZBUCH

Nun werden wir das Familiengesetzbuch Ihrer Lieben einmal näher betrachten. Denn diese Paragrafen verfolgen Sie schließlich schon Ihr ganzes Leben.

§ 1: Entsprich dem Idealbild deiner Eltern, schließlich haben sie dich zur Welt gebracht und dürfen entscheiden, wer und was du sein sollst.

§ 2: Widersprich deinen Eltern niemals, denn sie haben immer recht, schließlich sind sie älter, weiser und klüger als du.

§ 3: Versuche es gar nicht erst, dich gegen die dir innerhalb der Familie zugewiesene Rolle aufzulehnen.

§ 4: Lass dich gegen deine Geschwister ausspielen. Dies hilft dir, gedanklich flexibel zu bleiben, und es sorgt für immer neue, lustige Überraschungen.

§ 5: Sprich niemals kritisch in der Öffentlichkeit über deine Familie, damit könntest du sie in Frage stellen.

§ 6: Bewahre alle Familiengeheimnisse, egal, wie sehr sie dir schaden.

§ 7: Weine niemals in der Öffentlichkeit, denn das könnte ein schlechtes Bild auf deine Eltern werfen.

§ 8: Habe keine Geheimnisse vor deinen Eltern, denn sie finden sie sowieso heraus.

§ 9: Rufe deine Eltern täglich an und berichte detailliert, was du alles erlebt hast.

§ 10: Noch präziser geht es so: Schreibe Tagebuch und sende deinen Eltern wöchentlich eine Kopie der Einträge, damit sie immer wissen, was los ist bei dir.

§ 11: Frage deine Eltern stets um Erlaubnis, auch wenn du das 18. Lebensjahr bereits vollendet hast, denn deine Eltern wissen im Gegensatz zu dir immer, was gut für dich ist.

§ 12: Werde beruflich nie erfolgreicher als deine Eltern, denn das würde ihr stabiles Selbstbild ins Wanken bringen.

§ 13: Lass dir für alles die Schuld geben, denn es ist eine Ehre, der Sündenbock der Familie zu sein. Das ist die Aufmerksamkeit, die du verdienst.

§ 14: Entschuldige dich für alles, auch wenn du es nicht getan hast.

§ 15: Feiere niemals ohne deine Eltern Weihnachten.

§ 16: Heirate spätestens mit 20 (das andere Geschlecht).

§ 17: Schenke deinen Eltern mindestens 2 Enkelkinder.

§ 18: Wachse niemals über dich hinaus, dann bist du leichter händelbar.

§ 19: Wenn du nach den Sternen greifst, wirst du garantiert eine Bauchlandung machen.

§ 20: Sei stets bescheiden und stelle dein Licht unter den Scheffel.

§ 21: Verharre grundsätzlich im Status eines Zwergkaninchens.

§ 22: Setze deine Bedürfnisse immer an letzte Stelle.

§ 23: Eigenlob stinkt und zwar nach Eichenlaub.

Ist dem noch etwas hinzuzufügen? Dann haben Sie nun Gelegenheit dazu: Schreiben Sie die noch fehlenden Paragrafen Ihres Familiengesetzbuchs auf!

§: _____

§: _____

§: _____

§: _____

§: _____

§: _____

§: _____

§: _____

Haben Sie sich von dieser Konfrontation erholt? Sind Sie jetzt endlich an dem Punkt angekommen, an dem Sie sich nichts sehnlicher wünschen, als diesem Gesetzbuch zu entkommen? Wollen Sie nun endlich Ihre große Chance, Nestbeschmutzer & Self Love Rebel zu sein, ergreifen?

Sehen Sie nach der Lektüre des Gesetzbuches einen Lichtschein am Ende des Tunnels? Zunächst unvorstellbar! Aber: Die düsteren Paragrafen des Familiengesetzbuches haben Sie bisher wie in einem Tunnel zurückgehalten und Ihnen den Blick nach draußen in Richtung Sonnenlicht verstellt. Ist Ihnen augenblicklich sozusagen im Tunnel ein Licht aufgegangen und fühlen Sie sich jetzt zu allem bereit, was Ihre Karriere als Nestbeschmutzer voranbringt und Ihnen ein Leben als Self Love Rebel ermöglicht? Dann geht es nun weiter. Schritt für Schritt.

Was Sie als Nächstes brauchen, ist ein klares Ziel. Ein inneres Bild. Eine Vision. Wie wird Ihr Leben als Self Love Rebel aussehen? Wo werden Sie als Nestbeschmutzer Ihr Unwesen treiben, und warum genau wird es Ihrer Familie zukünftig unmöglich sein, Sie zu stoppen? In welchen Bereichen Ihres Lebens wachsen Sie zukünftig über sich hinaus und werden die Vorstellungen und Regeln Ihrer Familie einfach vergessen?

Lassen Sie uns jetzt gemeinsam eine mögliche **Vision** von Ihrem Leben als Nestbeschmutzer und bekennender Self Love Rebel kreieren. Natürlich lasse ich Sie bei dieser ungewohnten Aufgabe nicht allein. Wir werden noch einen Gast dazu bitten, der beim Visualisieren und Kreieren Ihrer Vision eines erfolgreichen Nestbeschmutzers und Self Love Rebellen entscheidend behilflich sein wird:

Sind Sie in Ihrem Leben schon einmal einem Menschen begegnet, der das „Gewinner-Gen" zu besitzen schien? Einem Menschen, der Sie mit seiner Begeisterung angesteckt hat und für den es im Leben keine Niederlagen zu geben schien, sondern nur Herausforderungen? Der sein konnte, wer auch immer er sein wollte? Einem Menschen – oder einem Helden, der siegessicher die Stufen des Lebens spielend und immer mit einem Lächeln auf dem Gesicht erklommen hat?

Hatten oder haben Sie in Ihrem Leben einen Helden, den Sie verehrt haben, den Sie vergöttert haben? Dem Sie bedingungslos gefolgt sind? Der Sie inspiriert hat, zu sein, wer Sie sind, und zu werden, wozu Sie bestimmt sind?

War es eine fiktive Figur aus einem Film, Comic, Buch, einer Fernsehserie – oder vielleicht ein Freund oder eine Freundin, ein Lehrer, Ausbilder, Kollege, Professor oder ein Autor – oder sogar jemand aus Ihrem näheren familiären Umfeld? Wir suchen einen „Helden", der gleichzeitig auch ein echter Revoluzzer war und Sie genau dadurch inspiriert hat, Visionen von einem autonomen und glücklichen Lebens zu entwickeln. Ist es vielleicht jemand, dem es wichtiger war oder ist, respektiert als gemocht zu werden? Jemand, der sagt, was er denkt und sich nicht von der Meinung einer Mehrheit beeinflussen lässt?

Wer auch immer es sein mag, ich würde mich freuen, wenn Sie ihn mir jetzt vorstellen und kurz formulieren könnten, **was** Sie so nachhaltig an ihr oder ihm beeindruckt hat.

_____

_____

Wollten Sie genau so sein – oder für welchen Bereich Ihres Lebens hätten Sie sich die Ausstrahlung oder die Eigenschaften Ihres Helden gewünscht?

_____

_____

Hat Ihr Held Sie motiviert oder inspiriert, Ihr Leben frei und nach Ihren eigenen Vorstellungen zu gestalten? Hat einzig der Gedanke an Ihren Helden Ihr Selbstbewusstsein so gestärkt, dass Sie ganz klare Vorstellungen hatten, wie und wer Sie sein wollten? Bitte schreiben Sie nun auf, **welche Eigenschaften** Ihr Held genau hatte, die Ihre Sicht auf das Leben entscheidend geprägt haben.

_____

_____

_____

_____

Haben Sie die ein oder andere Eigenschaft bereits übernommen und sind damit erste Schritte in Richtung Self Love Rebel gegangen? Wenn ja, **welche** waren das genau?

_____

_____

_____

Welche Eigenschaften hätten Sie im Rückblick gerne übernommen, haben es aber nicht getan oder geschafft? Nennen Sie 3 Eigenschaften, die Ihnen als Nestbeschmutzer heute Flügel verleihen würden:

1. _____

2. _____

3. _____

Was würden Sie als Erstes tun, wenn Sie jetzt sofort all diese Eigenschaften besitzen würden? Erzählen Sie es mir. Überraschen Sie mich mit einer wirklich coolen Idee!

_____

_____

_____

_____

Halten Sie diese Vision ganz fest. Gehen Sie mit ihr kuscheln. Lassen Sie sie nie wieder los! Diese Vision kann die Basis einer neuen, besseren und glücklicheren Realität sein. Einer Realität, die Sie ein freies Leben nach Ihren Vorstellungen leben lässt. Erinnern Sie sich nun an Ihre Vision und fühlen Sie Ihre Begeisterungsfähigkeit!

Auf Ihre Begeisterungsfähigkeit kommt es an! Wann haben Sie das letzte Mal vor Glück die Kontrolle verloren? Sind vor Freude ausgeflippt und haben ausgelassen gemoved und gegrooved?

Was haben Sie Geniales erlebt?

War es ein Tor für Ihren Verein bei der Champions League? Oder haben Sie in einem Lebensbereich etwas Außergewöhnliches erreicht? Erhielten Sie einen langersehnten Anruf, oder haben Sie sehr erfolgreich das Nest beschmutzt? Was ist in Ihrem Leben Außergewöhnliches und Wichtiges geschehen? Nehmen Sie sich einen Moment Zeit und lassen Sie dieses Erlebnis noch einmal vor Ihrem geistigen Auge entstehen.

Was, denken Sie, ist im Moment der Begeisterung in Ihrem Gehirn passiert?

HIRN NEWS

Wie führen enthusiastische Gefühl zu einer wichtigen neuronalen Veränderung in Ihrem Gehirn? Unsere Gedanken und Emotionen formen das Gehirn. Im Gegensatz zu den Paragrafen des Familiengesetzbuches ist Ihr Gehirn also tatsächlich veränderbar!

Die Wissenschaft spricht hier von Neuroplastizität. Darunter versteht man die Eigenschaft von Synapsen, Nervenzellen oder auch ganzen Hirnarealen, sich in Abhängigkeit von ihrer Verwendung zu verändern. Ihr Gehirn verfügt über etwa 86 Milliarden Nervenzellen (Neuronen). Jedes durchschnittliche Neuron ist über Schnittstellen (Synapsen) mit anderen Neuronen verbunden; insgesamt schätzt man die Gesamtzahl der Synapsen im menschlichen Hirn auf etwa 1 Billiarde. Neuronale Plastizität ist eine entscheidende Eigenschaft des Gehirns und ist die zelluläre Grundlage von Lernen und Gedächtnis. Sie lässt sich beginnend von der Gehirnentwicklung bis in das hohe Alter hinein beobachten. Auch bei Schädigungen des zentralen Nervensystems (ZNS) ist die neuronale Plastizität von großer Bedeutung, denn die überlebenden Nervenzellen können ihre Verbindungen verändern, um einen Teil der Ausfälle zu kompensieren.

Auch wenn unser Gehirn hier erstaunliche Flexibilität beweist, so kann es doch bei Sinnenwahrnehmungen nicht zwischen Vorstellung und Realität unterscheiden. Es spielt also keine Rolle, ob wir uns eine Situation in Gedanken vorstellen oder sie real erleben. Gehirn und Unterbewusstsein reagieren sowohl auf fiktive als auch auf reale Erfahrungen. Innere Bilder werden am selben Ort verarbeitet wie reale äußere Ereignisse, die mit dem Auge wahrgenommen werden. Wie intensiv wir das Erlebte wahrnehmen, variiert jedoch und hängt von der Vorstellungskraft bzw. der realen Wahrnehmung ab. Lernen wir eine neue Fähigkeit, so bilden sich im Gehirn neue Verbindungen zwischen den Neuronen. Je besser wir diese neue Fähigkeit entwickeln, desto stärker verbinden sich die Neuronen und desto mehr Informationen können im Gehirn fließen.

Neue Gedanken und Erfahrungen lassen Veränderungen im Gehirn entstehen. Die Veränderungen geschehen dann besonders schnell, wenn Gefühle involviert sind. Wenn wir also Gedanken haben, die uns ein sehr gutes Gefühl bereiten, hat dieses eine deutlich größere Wirkung auf unser Gehirn als ein Gedanke, der wenig emotional aufgeladen ist. Im Zustand der Begeisterung werden in Ihrem Mittelhirn Nervenzellen erregt, die an den langen Enden ihrer Fortsätze unterschiedliche neuroplastische Botenstoffe aussenden. Das neurobiologische Erkennungszeichen der Begeisterung wird in die Zellkerne der nachgeschalteten Nervenzellen weitergeleitet. In diesen Nervenzellen werden dann Eiweiße hergestellt. Diese Eiweiße benötigt Ihr Gehirn, wenn Sie Probleme lösen wollen oder wenn Sie neue Herausforderungen in Ihrem Leben erfolgreich bewältigen möchten. Sie können durch das Empfinden von Gefühlen wie Leidenschaft und Begeisterung die biochemischen Prozesse in Ihrem Gehirn also beeinflussen!

Folglich können Sie sich selbst hirntechnisch dazu befähigen, die stündlichen familiären Herausforderungen erfolgreich zu bewältigen. Klingt das nicht verlockend?!

Als begeisterter Nestbeschmutzer und Self Love Rebel werden Sie etwas bewegen! Sie versetzen Ihr Gehirn in den absoluten Ausnahmezustand!

Bevor wir nun gemeinsam einen weiteren begeisterten Blick auf Ihre Familie werfen, empfehle ich Ihnen, Ihre Eiweiße zu rocken! Wie wäre es jetzt sofort mit etwas, das Sie schlagartig in Begeisterung versetzen kann?

Warum? Weil dieser Ausflug, den wir beide nun unternehmen werden, Ihre Eiweiße wirklich fordern wird. Eine Herausforderung, die Sie dank Ihrer gefühlten Begeisterung jetzt erfolgreich bewältigen werden!

DIE FAMILIÄRE ROLLENLOTTERIE

Ich vermute, dass in Ihrer Familie nicht ein faules Ei dem anderen gleicht. Vielmehr wird es in Ihrem Nest sicher ein buntes Potpourri unterschiedlichster **Charaktere** geben, die in Abhängigkeit ihrer Position innerhalb der Familie verschiedene **Rollen** einnehmen. Jetzt gilt es, diese Rollen – ob selbst gewählt oder von anderen Nestbewohnern zugewiesen – zu erkennen und zu verstehen. Denn wenn Sie wissen, mit wem Sie es zu tun haben – und das ist bei diesem variationsreichen Rollenspiel nicht ganz einfach zu durchschauen –, können Sie erfolgreiche Strategien entwickeln, die Sie darin unterstützen, einen klaren und unerschrockenen Blick auf Ihren Familienclan zu haben. Es geht hierbei darum, dass Sie ein sehr guter Beobachter werden, der wertfrei und präzise analysiert. Dem bewusst ist, was sein Unterbewusstsein lange erkannt hat. Wenn Sie verstehen, wer bei Ihnen durch welches Rollenverhalten versucht, Ihre Knöpfe zu drücken, können Sie diese Versuche in Zukunft leichter verhindern.

Wenn Sie zum Beispiel erkannt haben, dass Ihr Bruder die Rolle des „Superklünglers" einnimmt, werden Sie zukünftig rechtzeitig misstrauisch werden, sollte er Ihnen gegenüber einmal mehr mit der familiären Meinung aufwarten und dabei den Plural verwenden – und Sie sich also mit angeblichen Standpunkten anderer konfrontiert sehen, die real gar nicht mit Ihnen kommunizieren. Diese dienen Ihrem Bruder, dem Superklüngler, dazu, sich Ihnen gegenüber mächtiger zu fühlen und seine nicht vorhandene Dominanz und fehlende Autorität ins Gegenteil zu verkehren durch Sätze wie: **Wir finden,** dass du schon einmal besser funktioniert hast ...; **gemeinsam haben wir** beschlossen, dass es so mit dir nicht weitergehen kann ... oder: **Alle** haben den Eindruck, dass du gerade viel zu egoistisch deine eigenen Ziele verfolgst, anstatt deine Familie angemessen zu unterstützen ... Real steht der kleine, fiese Superklüngler aber ganz allein vor Ihnen oder hängt sich ganz einsam ans Telefon, um Ihnen das Gefühl zu vermitteln, dass hinter ihm und seinen suspekten Aussagen die ganze Welt steht, während Sie leider vereinsamt und allein durchs Leben stolpern. Verbündete haben Sie natürlich keine. – Brauchen Sie aber auch nicht! Denn Sie sind dank Ihrer hirnigen Eiweißshakes nun zu allem bereit und in der Lage!

Wir werden nun näher ergründen, wie die jeweiligen Rolleninhaber innerhalb Ihrer Familie Einfluss auf Sie und Ihr Leben genommen haben und es noch bis heute tun.

Rollen, die besonders populär in der familiären Rollenlotterie sind, sind die des Goldenen Kindes und die des Sündenbocks. Kennen Sie nicht? Na dann werde ich Ihnen mal auf die Sprünge helfen. Stellen Sie sich das Goldene Kind so vor: auf Gold gebettet, in goldene Gewänder gehüllt, isst es von goldenen Tellern und natürlich nur mit goldenen Löffeln. Wofür könnte diese Rolle also stehen? Richtig, Sie haben es erfasst: Das Goldene Kind ist nichts anderes als das Kind, was deutlich bevorzugt wird und auf das alle wundervollen Eigenschaften dieser Welt projiziert werden. Goldene Kinder bekommen nie die Schuld, auch wenn sie auf frischer Tat ertappt werden. Die Intelligenztests von Goldenen Kindern sind grundsätzlich manipuliert, indem am Ende Nullen angehängt werden, um das tatsächliche Ergebnis zu verschleiern. Goldene Kinder bekommen ein elterliches Stipendium, auch wenn sie gar nicht vorhaben, zu studieren. Für Goldene Kinder wird einfach alles getan, damit selbstverliebte Eltern in ihnen eine Erweiterung des eigenen Potenzials wiederfinden. Sich an dieser Stelle mit dem Goldenen Kind zu identifizieren, vergessen Sie jetzt aber mal ganz schnell. Das Goldene Kind sind Sie nicht und werden es vermutlich auch niemals sein.

Kommen wir nun zu Ihrer vermeintlichen Rolle. Sie wollen nicht darüber sprechen. Das verstehe ich. Das werde ich für Sie übernehmen. Bleiben Sie tapfer! Sündenböcke bekommen für alles die Schuld, auch wenn sie gar nicht in der Stadt waren. In der elterlichen Rollenlotterie wird Sündenböcken zu Beginn der Verlosung die Option zu gewinnen abgesprochen, und Erfolge in jedem Lebensbereich werden unter den Teppich gekehrt. Die Wölbung unter dem Teppich ist erstaunlich hoch. Mit aller Macht wird der Teppich am Boden gehalten, um sicherzustellen, dass der Sündenbock auch nicht den Hauch eines Erfolgs wahrnehmen kann. Es muss in jeden Fall verhindert werden, dass sich der Sündenbock seines Potenzials bewusst wird, daran könnte nämlich das zarte Ego seiner Eltern zerbrechen. Diese Katastrophe wird abgewendet, indem zum Beispiel Non-win-Situationen herbeigeführt werden. Sie wissen nicht, was das ist? Ganz einfach. Non-win-Situationen sind Manöver, die dafür sorgen, dass Sündenböcke nicht gewinnen können und ihnen dies auch in jedem Augenblick ihres Lebens bewusst ist. Wenn sie das Gewinnergen in sich erst gar nicht spüren, werden sie auf keinen Fall Anstrengungen unternehmen, die dazu führen könnten, erfolgreicher zu sein als ihre Eltern. Denn Sie wissen ja, das schadet dem stabilen Selbstbild der Sündenbock-Eltern nachhaltig. Und das wollen wir doch nicht, oder doch?

Die gute Nachricht ist, dass Sie Ihr Gewinnergen nun endlich wiederentdeckt haben und es aus den Katakomben Ihrer Seele befreit haben. Es darf nun im Sonnenlicht wachsen und gedeihen und Sie als Self Love Rebel begeistern!

Zurück zur Non-win-Situation. Diese kann wie folgt aussehen:
Stellen Sie sich ein Fußballfeld vor. Sie sind mitten im Spiel und kommen tatsächlich in Ballbesitz. Endlich ein Tor schießen und gewinnen! Davon träumen Sie schon lange. Sie stürmen mit Begeisterung auf das Tor zu. Plötzlich jedoch ist das Tor verschwunden. Einlochen können Sie das Leder nun nicht mehr. Sie denken sich, dass Sie wohl in die falsche Richtung gelaufen sind und drehen sich um. Begeistert stürmen Sie nun auf das andere Tor und wollen schießen. Ein schöner Volley ins rechte obere Eck. Endlich ein Tor. Doch auch jetzt verschwindet plötzlich das Tor. Und weit und breit ist keines in Sicht. Sie stehen ganz allein auf diesem Feld und Sie wissen, egal, in welche Richtung Sie laufen... Tore schießen können Sie heute nicht. Sie werden nicht gewinnen. Niemals. Kommt Ihnen das irgendwie bekannt vor? Entschuldigen Sie, ich wollte nicht unsensibel sein.

Welche Situation erinnern Sie, in der Sie innerhalb Ihrer Familie das Gefühl hatten, egal, was Sie tun, nicht gewinnen zu können:

Sündenböcke bekommen zu Ihrer Geburt ein T-Shirt geschenkt, das sie lebenslang tragen. Es passt immer. Es soll ihnen ihre Rolle rund um die Uhr vergegenwärtigen. Der Sündenbock hat aus Sicht seiner Lieben unbegrenzte Kapazitäten, die Schuld auf sich zu nehmen. Die Verantwortung der ganzen Familie liegt auf seinen Schultern. Es ist sein Schicksal. Ob er will oder nicht. Auf diesem T-Shirt steht etwas in großen, breiten Lettern. Sie wissen, was es ist, stimmt's? Denn auch Sie sind im Besitz eines solchen T-Shirts. Seien Sie jetzt ganz tapfer. Genau, es steht drauf: ICH WAR'S!

Dieses Shirt erinnert Sie immer daran, dass Sie sich bereits morgens beim Erwachen im Gitterbettchen sündenbockmäßig damit beschäftigen dürfen, sich zu rechtfertigen für Dinge, die Sie tatsächlich nicht begangen haben. Immer wieder dokumentieren Sie haargenau, dass Sie es gar nicht gewesen sein können – oder Sie haben den tatsächlichen Täter auf frischer Tat ertappt und senden Ihrer Familie sogar das Beweisfoto per Einschreiben mit Rückschein zu. All das nützt jedoch leider nichts. Ihre Lieben täuschen plötzliche Amnesien vor, sie schütteln monoton mit dem Kopf oder hören einfach nicht zu.

Ich verrate Ihnen etwas!
Inhaber eines solchen T-Shirt zu sein, kann Ihnen bisher ungeahnte Kräfte verleihen und damit eine ganz neue Form der **Selbstliebe** und des **Selbstrespekts** in Ihrem Leben manifestieren. Sündenbock zu sein, ist keine Rolle, hinter der Sie sich verstecken oder die Sie schamerfüllt bekleiden müssen. Als Sündenbock haben Sie viele Möglichkeiten: Sie können entscheiden, ob Sie kritiklos die Verantwortung für Dinge übernehmen, die mit Ihnen nichts zu tun haben, oder ob Sie jetzt mal so richtig rodeomäßig Bocksprünge vollziehen, um den Ballast von Ihren Schultern abzuwerfen. Mit gekonnten

Bocksprüngen befreien Sie sich von der Verantwortung für alles, das sich Ihrer realen Verantwortung entzieht. Sie entscheiden, wann die Zeit reif dafür ist!

Zurück zur aktuellen Lage. Bis eben haben Sie sich noch gerechtfertigt – für alles. Das hat sich im Laufe Ihres Lebens geradezu zu einem Automatismus verselbstständigt. Es hat dazu geführt, dass Sie sich bereits prophylaktisch für alles entschuldigen. Sie haben inständig gehofft, dass Ihnen dadurch ein Hauch von Liebe seitens des Familienmobs zufliegen möge. Sie haben sich stets gewünscht, dieser Hauch von Liebe würde im Laufe Ihres Lebens zunehmen, mit jeder Entschuldigung Ihrerseits ein wenig mehr. Und insgeheim haben Sie sich ausgemalt, aus diesem Hauch familiärer Liebe würde eines Tages ein brausender Luftzug werden, der Sie durch das Leben trägt, zum Wind unter Ihren Flügeln wird und Sie zu jedem Ihrer Lebensziele bringt. Doch ich muss Sie leider enttäuschen. Diesen auffrischenden Wind seitens Ihrer Lieben wird es *so* nicht geben.

Den Wind, den Sie benötigen, um ungerechtfertigten Schuldzuweisungen seitens des Familienmobs davonzufliegen, können Sie nur selbst produzieren! Das ist die gute Nachricht. Denn all das, was Sie in Ihrem Leben unabhängig von anderen Menschen schaffen und erschaffen können, lässt Sie frei sein. Es ist wie ein Upgrade:

Weg von an Bedingungen geknüpfte Liebe – **hin zu** bedingungsloser Selbstliebe.

Weg von der Abhängigkeit der Anerkennung durch Ihre Familie – **hin zu** einem Leben als sich selbst liebender und respektierender Self Love Rebel.

SELBSTLIEBE

Erinnern Sie sich noch, als Sie als kleiner süßer Wonneproppen voller Vertrauen in die Welt strahlten? Sie haben
das Leben geliebt, und das Leben hat Sie geliebt. Es konnte
Ihrem strahlendem Lächeln und glucksendem Lachen gar
nicht widerstehen! Gab es damals einen einzigen Moment,
indem Sie sich selbst kritisiert – oder mit destruktiven Gedanken Ihr Selbstwertgefühl und Ihre Selbstliebe beeinflusst haben? Haben Sie sich als Baby ein einziges Mal
die Frage gestellt, ob Sie so, wie Sie sind, liebenswert,
schön, attraktiv oder intelligent sind? Ich denke, wir beide
kennen die Antwort.

Irgendwann beginnen wir dann damit, auf andere
Menschen zu hören. Wir hören darauf, ob wir gut genug
sind oder alles – im Sinne anderer – richtig machen. Wir
lassen uns be- und abwerten und nehmen dies oft kritiklos entgegen. Meist beginnen wir damit in sehr jungen
Jahren und sind besonders empfänglich, wenn uns diese
Bewertungen seitens unserer Familie entgegengebracht
werden. Als Kinder und Heranwachsende glauben wir oft
vorbehaltlos unseren primären Bezugspersonen. Warum
sollten wir auch daran zweifeln, sie wollen doch nur unser
Bestes. Wir vertrauen bedingungslos.

Wenn wir endlich an den Punkt zurückgelangen, an dem
wir uns selbst so bedingungslos lieben und wertschätzen
wie damals, als wir noch ein kleiner Wonneproppen waren,

gehen wir einen wichtigen Schritt in Richtung bedingungsloser Selbstliebe. Indem wir uns die Dinge verzeihen, die
gerade vielleicht nicht optimal in unserem Leben geschehen
und diese lediglich als Erfahrung in unser Leben integrieren,
stärken wir unsere Selbstliebe.

Selbstliebe beginnt mit positiven, wertschätzenden und
liebevollen Gedanken, die Sie über sich denken. In jedem
einzelnen Moment. Fangen Sie jetzt damit an.

**Hier eine Übung, um bedingungslose Selbstliebe in
den Alltag zu integrieren:**

Stellen Sie sich bei allem, was Sie täglich tun, folgende
Frage: Wie würde ich jetzt handeln, wenn ich mich wirklich bedingungslos lieben, respektieren und wertschätzen
würde?

Diese Liebe, Ihre Selbstliebe, das verspreche ich Ihnen, ist grenzenlos, und sie wird Sie niemals enttäuschen. Sie ist es, die Sie dazu befähigt, aus dem großen Vorrat des Lebens an Möglichkeiten den authentischsten Weg zu gehen. Sie wird Sie immer begleiten. Wenn Sie sie kultivieren und pflegen, wird sie weiter wachsen. Sie wird immer Hand in Hand mit Ihnen gehen und Sie zutiefst erfüllen.

Bitte nehmen Sie sich nun einen Moment Zeit und malen Sie sich eine familiäre Situation aus, in der Sie zukünftig Ihr ganzes Potenzial als Nestbeschmutzer & Self Love Rebel leben möchten. In der Sie **bei sich** sind und **für sich** entscheiden.

Wie könnte es also konkret sein, wenn ein Nestbeschmutzer & Self Love Rebel zur Tat schreitet?

Als Familienoberhaupt sitzt Ihr Vater immer am Kopf des heimischen Esstisches, um das Geschehen besser kontrollieren zu können. Kontrollieren findet Ihr Vater klasse, denn schließlich sollen alle nach seiner Pfeife tanzen und sein stabiles Selbstbild bestätigen. Seine nicht vorhandene Frustrationstoleranz gepaart mit seiner niedrigen Kränkungsfähigkeit lassen eine direkte verwandtschaftliche Verbindung zum Stamm der Beleidigten Leberwürste vermuten.

Erreichen will ihr Vater nur eines: Nämlich dass Sie gar nicht erst versuchen, ihm Grenzen zu setzen, denn dann würde er die beleidigten Leberwürste richtig tanzen lassen und Ihnen das Gefühl vermitteln, dass Sie schlimmer Täter ihn ganz furchtbar verletzt haben und diese Kränkung zu posttraumatischem Stress bei ihm führt, was Sie schnellstmöglich wieder gut zu machen haben. Sollten Sie dies nicht tun, besteht die

Möglichkeit, dass ihr Vater eine Weile nicht mehr mit Ihnen spricht. Nicht dass Ihnen dies grundsätzlich schaden würde. Aber diese Weitsicht und Erkenntnis haben Sie momentan noch nicht, weil Ihnen Ihre Ängste gerade die Sicht versperren. Die Sicht darauf, dass Ihr Vater Ihnen mit Liebesentzug begegnet. Verlassen werden wollen Sie nicht, zumindest nicht von Ihrem Vater, und daher spielen Sie alle Spielchen mit und Ihr Vater agiert als Spielmaster.

Er maßregelt Sie nun nach allen Regeln der Kunst und hat Ihnen gerade wieder versucht zu erklären, wie die Welt funktioniert. Wohlbemerkt: seine eigene Welt, in die Sie sich einzufügen haben. Geknickt und mit hängendem Kopf blicken Sie ihm traurig entgegen und ärgern sich insgeheim, dass Sie ihm nicht endlich Paroli bieten. Sie wissen auch nicht wie, denn diese Situation spielt sich zum x-mal vor Ihren Augen ab und hat bisher jedes Mal mit demselben posttraumatischen Drama seinerseits geendet. Ihr Vater weiß, dass Sie das wissen, und kann immer fest damit rechnen, dass er Ihnen sein verdrehtes Weltbild überstülpen kann.

Atmen Sie kurz durch!
Ist Ihnen bewusst, **wodurch** er es schafft, zu verhindern, dass Sie eine selbstbewusste Position beziehen und ihm die Grenzen seines Verhaltens aufzeigen?

Es schreckt Sie die Konsequenz. Die von ihm einfach perfekt beherrschte Rolle als Beleidigte Leberwurst – grandios performt, weil mit Hingabe und Erfolg einstudiert – und das ungute Gefühl, das dieser Auftritt jedes Mal bei Ihnen hinterlässt, gilt es – so glauben Sie – unbedingt zu vermeiden. Lieber also die Füße stillhalten, statt die Leberwürste tanzen zu sehen, meinen Sie? **Allerdings wären Sie damit voll in die Manipulationsfalle getappt.**

Doch jetzt geschieht plötzlich etwas mit Ihnen!
Sie erinnern sich daran, dass Sie der Abhängigkeit von der Liebe Ihres Vaters gerne davonfliegen würden, um stattdessen Ihren Fokus auf Ihre bedingungslose Selbstliebe zu legen. Sie fühlen sich in diesem Moment ganz entspannt und frei. Sie nehmen zur Kenntnis, dass Ihnen das Verhalten Ihres Vaters gerade nicht gut tut, tatsächlich sogar erheblich schadet. Was tun Sie?

Versuchen Sie eine für Sie atypische Reaktion. Vielleicht entgegnen Sie ihm, dass Ihre Sicht auf Ihr Leben eine ganz andere ist? Bleiben Sie bei sich und bleiben Sie sachlich. Versetzen Sie sich in das Gefühl, als Nestbeschmutzer & Self Love Rebel zu agieren, und erzählen Sie mir, wie Sie – angstfrei und siegessicher – in dieser fiktiven Situation reagieren würden. Wie verhalten Sie sich, wenn Sie die Angst vor Liebesentzug/ Liebesverlust nicht hätten und sich stattdessen Ihrer Selbstliebe in vollem Umfang bewusst wären?

_____

_____

_____

_____

Wie gut kennen Sie die Auslöser Ihrer Ängste, die Sie bisher daran gehindert haben, Ihr volles Potenzial zu entfalten?

☐ Ich möchte mich lieber überhaupt nicht streiten.
☐ Ich ertrage die schlechte Stimmung – vor allem nach einem Streit – nicht.
☐ Ich leide unter Schuldgefühlen, weil ich sowieso das Sündenschaf bin und immer alles verbocke.

☐ Ich will mich nicht immer wieder in die gleiche Situation begeben müssen.

☐ Ich will unbedingt Punkteabzug vermeiden.

_____

_____

_____

_____

Lassen Sie uns diesen Mechanismus und damit das Rollenverhalten Ihrer Lieben noch einmal genauer betrachten.

Wir spielen jetzt das Wenn-dann-Spiel und ich bin Ihr Spielmaster. Ich verspreche Ihnen, es wird Ihnen Freude bereiten! Sie dürfen Ihrer Fantasie freien Lauf lassen.

Wenn ich nicht für Nestbewohner XY _____

Folgendes tue _____ ,

dann passiert Folgendes: _____

Beispiel

Wenn ich als „Zwergkaninchen" meine Familie nicht im Stundentakt über alle Details meines Privatlebens informiere, dann werden über mich wilde Gerüchte in Umlauf gebracht, deren Widerlegung mir unmöglich erscheint. Infolgedessen traue ich mich nur noch bei Dunkelheit, das Haus zu verlassen, um den Reaktionen meiner Mitmenschen erfolgreich aus dem Weg zu gehen. Dies hat zur Folge, dass ich inzwischen die Sternenbilder am Himmel auswendig kenne und mit geschlossenen Augen zeichnen kann. Der Schutz der Dunkelheit ermöglicht mir nun ein beschütztes und lebenswertes Leben. – Das ist jetzt nicht Ihr Ernst, oder?

Bitte schreiben Sie an dieser Stelle auf, welche Wenn-dann-Gedankenspiele bei Ihnen zu mentalen Worst-Case-Szenarien führen. In welche Rollen schlüpft der Familienmob dabei und verfolgt Sie damit auf Schritt und Tritt bis in Ihre schlaflosen Nächte?

Begeben Sie sich jetzt bitte auf die Reise ins Land des **Worst-Case:**

_____

_____

_____

_____

An dieser Stelle möchte ich Ihnen gratulieren! Sie sind wirklich in der Lage, bedeutende Dramaturgien zu kreieren. Hollywoods Drehbuchautoren wären für Ihre Unterstützung dankbar. Aber auch wenn Hollywood jetzt vielleicht verlockend klingt, bitte ich Sie, an dieser Stelle die Handbremse zu ziehen und sich das Ganze mal aus der Nähe zu betrachten: Wie realistisch sind diese von Kreativität und Einfallsreichtum durchzogenen Szenarien eigentlich? Wir dürfen gespannt sein. Sind Sie bereit für einen **Realitätscheck?**
Dann lassen Sie uns starten:
Wie hoch schätzen Sie die Chance auf einer Skala zwischen 0 und 10 ein, dass genau dieses Szenario in der Realität geschieht und Sie in eine Situation geraten, in der Sie quasi in der Falle sitzen, aus der heraus Sie sich nicht selbstständig befreien können?

Beispiel

Wenn Sie nicht Ihr Studium in der Regelstudienzeit, skandal-
frei und mit Auszeichnung absolvieren, dann wird Ihr Vater,
die Beleidigte Leberwurst, nie wieder mit Ihnen sprechen und
Sie Zeit Ihres gescheiterten Lebens ignorieren. Er wird an der
durch Sie erfahrenen Enttäuschung zerbrechen und Ihnen dies
auf allen erdenklichen Ebenen mitteilen. Schriftlich, mimisch,
gedanklich und verbal. Das wird dazu führen, dass Sie Ihr
Lebensglück nur noch sehr partiell genießen können, weil
Sie sich unendlich schuldig fühlen und Sie erst dann wieder
glücklich werden können, wenn Sie die familiäre Messlatte bei
einem neuen Versuch mit Ihren Fingerspitzen erreichen. Zuvor
wird Ihnen ein Leben in Einsamkeit und Verlust beschert sein.
Die Wahrscheinlichkeit, dass Ihr weiteres Lebensglück direkt
von der Gunst der beleidigten und von Ihnen tief enttäuschten
Leberwurst beeinflusst wird, liegt aktuell bei 90 Prozent. Auf
der Skala von 0 bis 10 also eine 9. – **Sie haben jetzt aber nicht
voller Begeisterung genickt, oder?**

Bewerten Sie nun bitte Ihre eigenen Beispiele/Situationen
und vergeben Sie Punkte zwischen 0 und 10 in Ihrem Realitätscheck.

Wie schätzen Sie nun selbst Ihre Punktzahl ein? Sind Sie auf dem Weg, ein unabhängiger Freigeist und erfolgreicher Nestbeschmutzer zu werden?

Oder hoppeln Sie noch immer wie ein Zwergkaninchen durch die Gegend auf der verzweifelten Suche nach einer Möhre, die Ihnen ein Sie bedingungslos liebendes Familienmitglied vor die Nase halten möge?

Wie hoch schätzen Sie Ihre Chance ein, dass Sie zum jetzigen Zeitpunkt ein erfolgreiches und glückliches Leben als Nestbeschmutzer führen können?

☐ Hoch
☐ Mittelhoch
☐ Gering
☐ Ich wandere lieber aus! – Stopp, auf keinen Fall!

Bedenken Sie! Wenn Sie keinen Plan haben, machen andere die Pläne für Sie! Handeln Sie deshalb jetzt!

Beispiel 1

Sie wissen aus der Erfahrung heraus genau, dass es Ihnen reicht, Ihre Mutter alle zwei Wochen am Telefon zu sprechen. Sie wissen sicher, dass alles darüber hinaus Ihre Fähigkeit zu entspannen entscheidend bremst. Sie haben auch entschieden, dass grundsätzlich lieber Sie Ihre Mutter anrufen als umgekehrt, da Sie sich dann vorher entsprechend vorbereiten können, bevor Sie den Sprung in die Höhle des Löwen wagen. Ist Ihnen all dies bewusst, werden Sie nach außen eine große Klarheit ausstrahlen. Ihre Mutter wird spüren, dass über Ihren

Standpunkt nicht verhandelbar ist, und wird sich vermutlich dementsprechend verhalten und Ihre Grenzen respektieren. Sie haben dafür nämlich den Grundstein gelegt. Indem Sie sich selbst und Ihre Wünsche erkennen und respektieren, tun es auch andere – in den allermeisten Fällen.

Ich nenne Ihnen nun ein weiteres Beispiel, um Ihnen zu verdeutlichen, wie wichtig es ist, im Leben einen genauen Plan zu haben und diesem konsequent zu folgen:

Beispiel 2

Stellen Sie sich vor, Sie sitzen am Steuer Ihres Autos. Sie möchten in die Alpen fahren, um sich dort auf einer Berghütte im Schnee zu erholen. Sie freuen sich schon sehr lange auf diesen Trip. Neben Ihnen sitzt auf dem Beifahrersitz einer Ihrer Lieben – ein Nestbewohner. Auf halber Strecke entscheiden Sie sich, das Steuerrad loszulassen. Schließlich ist es anstrengend, es die ganze Zeit zu halten. Sie sind müde und beschließen, ein wenig zu schlafen. Als Sie wieder aufwachen, ist Ihr Auto zum Stehen gekommen. Leider jedoch befinden Sie sich nicht einmal in der Nähe Ihrer Berghütte, sondern vor Ihrem Elternhaus. Aufgeregt winkt Ihnen Ihre Familie aus dem heimischen Garten zu und deutet auf das wuchernde Unkraut, das Ihnen satt und üppig entgegenlacht. Die Pläne für Ihre freien Tage haben sich offenbar spontan geändert – und Sie ergeben sich Ihrem Schicksal.

Was ist passiert?

Sie haben während der Fahrt die Verantwortung abgegeben und sind Ihrem Plan nicht konsequent bis zum Ende gefolgt. Infolgedessen haben andere für Sie entschieden und die eigenen Pläne erfolgreich umgesetzt.

Beginnen Sie nun damit, sich Stichworte aufzuschreiben. Wann in den letzten 4 Wochen haben Sie das Steuerrad losgelassen und sind an einem Ort gelandet, an dem Sie auf keinen Fall landen wollten:

_____

_____

_____

Gibt es bestimmte Bereiche in Ihrem Leben, in denen Sie es wiederholt zulassen, dass Ihre Grenzen überschritten werden? Situationen, in die Sie schnell geraten und in denen Sie sich immer wieder ähnlich verhalten und sich verbiegen oder verbiegen lassen, um es Ihrer Familie – nur nicht sich selbst – recht zu machen?

_____

_____

_____

Aha, und wenn Sie hier nun einmal etwas genauer hinschauen: Warum, denken Sie, sind Sie genau in diesem Bereich so sensibel, also anfällig für Grenzüberschreitungen und Verbiegungen? Warum gehen Sie Ihrer Familie genau hier auf den Leim? Schießen Ihnen vielleicht altbekannte **Worst-Case-Szenarien** in den Kopf, wenn Sie daran denken, was passieren könnte, wenn Sie die gewohnten Ausflüge in unterschiedlichste Himmelsrichtungen allesamt ... einfach absagen würden? Machen Ihnen diese Vorstellungen eventuell mehr Angst, als es Sie anstrengt, über Ihre eigenen Grenzen zu gehen?

WORST-CASE-SZENARIEN ALS BLOCKER

Wenn sich in Ihr Gedankenkino lebhafte Worst-Case-Szenarien schleichen, kann dies ein Ausdruck von Angst sein. Diese nehmen Sie entweder bewusst wahr oder sie haben sich unbewusst in Ihr Unterbewusstsein eingeschlichen. Um sich von ihnen zu befreien, müssen Sie sie erkennen und klar identifizieren.

Ängste können sich zum Beispiel in folgenden körperlichen, psychischen oder emotionalen Reaktionen zeigen:

Psychisch: Unruhe, Anspannung, Schlafstörungen, Konzentrationsstörungen, reduzierte Belastbarkeit, Wahrnehmungsstörungen.

Körperlich: Übelkeit, Zittern, Magenschmerzen, Kopfschmerzen, erhöhter Puls, starkes Schwitzen, Wippen mit dem Fuß, unruhiges Umherlaufen, Stifte aufgeregt zwischen den Fingern drehen oder rhythmische Klopfbewegungen mit den Fingern auf Tischen – der Versuch, Ruhe in die Unruhe zu bringen.

Emotional: scheinbar grundloses Weinen oder übertriebenes Lachen (konträre Reaktionen zur eigentlich als unangenehm erlebten Situation), Flucht- oder Vermeidungsverhalten, Schreckhaftigkeit, Reizbarkeit, emotionale Verflachung.

Rein gedankliche Worst-Case-Szenarien sind in der Lage, Sie unter erheblichen Stress zu setzen und Sie nachhaltig zu blockieren. Die Sinnhaftigkeit von Ängsten ist genau wie vieles andere im Leben eine Frage der Quantität. Angst in gesunden Dosen kann wichtig sein. Sie kann uns warnen und auch als Wegweiser dienen. Nimmt die Angst jedoch Überhand, wird sie quasi zweckentfremdet und bremst womöglich in Lebenssituationen, in denen Sie eigentlich Fahrt aufnehmen sollten. Ängste können dann auch verhindern, dass Sie über sich hinauswachsen und sich Dinge endlich zutrauen, die zuvor unvorstellbar wirkten. Hinterfragen Sie den Realitätsgehalt Ihrer Worst-Case-Szenarien, die Ängste und Vermeidungsverhalten auslösen können.

Hält Sie die Angst vor möglichen Konsequenzen Ihrer Entscheidungen zurück?

Lieber folgen Sie bedingungslos der heimischen Nestordung, als sich Gedanken über ein eigenes Nestbeschmutzergesetzbuch zu machen? Ich denke, wir beide kennen die Antwort. In Zukunft können Sie nun die Zusammenhänge besser begreifen und leichter einschätzen, wer mit welchem Rollenverhalten versucht, Ihre Knöpfe zu drücken, um zu erreichen, dass Sie tun, was von Ihnen erwartet wird. Damit Sie sich nicht in der Dunkelheit des Rollenirrgartens Ihrer Familie verlaufen, knipsen wir nun das Licht an. Für die ultimative Nestanalyse stelle ich Ihnen nun einige (weitere) Rollen vor:

· Goldenes Kind
· Prinz/Prinzessin
· Chronisch-Schweigender, der sich nicht in die Karten schauen lässt
· Nicht-Stellung-Beziehender
· Stück Seife, das Ihnen immer durch die Finger gleitet
· Fiese Liese
· Falscher Fuffziger
· Klüngler
· Superklüngler
· Petze
· Denunziant
· Eingeschnappter
· Beleidigte Leberwurst
· Manipulierer
· Obermanipulierer
· Verschwörungstheoretiker
· Kritische-Blicke-Verteilender
· Nörgler

- Stichler
- Schlechtmacher
- Aufrührer
- Demotivierer
- Enfant terrible
- Regelbrecher
- Revoluzzer
- Schwarzes Schaf
- Sündenbock
- Zwergkaninchen

Dies sind nur einige vorstellbare Rollen, die das Leben und die liebe Familie so hervorgebracht haben könnte. Sicher kommen Ihnen einige davon ziemlich bekannt vor. Zudem treten die meisten von ihnen nicht in Reinform, sondern als Mischwesen auf. Fallen Ihnen noch weitere ein?

_____

_____

_____

Finden Sie als Nächstes heraus, wer sich in Ihrer Familie wie positioniert und wer welche Rolle einnimmt. Selbst gewählt oder von anderen Familienmitgliedern zugewiesen.

Gehen Sie den gesamten Familienclan durch und beginnen Sie Ihre Analyse. Wer nimmt welche Rolle ein und versucht damit, Sie funktionieren lassen, wie es von Ihnen im Interesse Ihrer Familie erwartet wird.

Denken Sie daran: Es geht um die Rollen, die speziell Ihnen gegenüber eingenommen werden, nicht um familienübergreifende Gültigkeit. Es mag Familienmitglieder geben, die in der

Rollenlotterie gleich mehrere Rollen gewonnen haben und diese situationsabhängig und ganz individuell Ihnen gegenüber ausleben.

Rolle	Familien-mitglied	Agiert wie?	Löst in mir Folgendes aus (Gefühl oder Verhalten)	Führt dazu, dass ich (in der Konsequenz) ...

Beispiel
Superklüngler / mein Bruder / arrangiert regelmäßig Familiengerichte / Angst vor Gerede und Familienurteil über mich / ich schweige lieber.

Ihre Aufgabe in Zukunft ist es nun, dieses Rollenverhalten Ihnen gegenüber rechtzeitig wahrzunehmen, es zu erkennen, zu verstehen, einzuordnen und – last but not least – natürlich darüberzustehen und damit schlicht nicht mehr anfällig und erreichbar zu sein für diese Art der Manipulation.
Knöpfe-Drücken, um Sie im Sinne Ihrer Lieben funktionieren zu lassen, findet also ab sofort nicht mehr statt! In Ihrem neuen Leben als Nestbeschmutzer & Self Love Rebel hat dies schlicht nichts mehr zu suchen!
Wir schauen uns jetzt an, wie Sie sich ab sofort deutlich sichtbar und gefestigt in Ihrer Familie positionieren werden. Wenn Sie wissen, wo Sie stehen, kommen Sie auch nicht in die Versuchung, es zuzulassen, dass bei Ihnen irgendwelche Knöpfe gedrückt werden. Sie **agieren** zukünftig und reagieren nicht mehr! Sie **entscheiden** – und lassen nicht mehr entscheiden!

DAS
NESTBESCHMUTZERGESETZBUCH
FÜR SELF LOVE REBELS

Damit Sie eine klare innere Vision davon entwickeln können, wie Sie sich ab sofort in Ihrer Familie positionieren und als Nestbeschmutzer & Self Love Rebel leben, werden wir zur Tat schreiten und Ihr ganz persönliches Nestbeschmutzergesetzbuch entwerfen. Wir werden darin alle Paragrafen verewigen, die Ihnen dieses neue Leben ermöglichen. Sind Sie bereit? Dann legen wir los!

Hier kommt ein kleiner Vorgeschmack, wie Ihr Nestbeschmutzergesetzbuch aussehen könnte:

§ 1: Erkenne sofort, wenn dir in deiner Familie der schwarze Peter zugeschoben werden soll, und verweigere die Annahme.

§ 2: Traue immer deiner Wahrnehmung und deinen Gefühlen, im Gegensatz zu deiner Familie manipulieren sie dich nie.

§ 3: Telefonate mit Familienmitgliedern erfolgen alle 2 Monate und werden per Zufallsgenerator ausgewählt.

§ 4: Sprich über alles, was du in deiner Familie erlebst, und gib regelmäßig Pressemitteilungen heraus.

§ 5: Zeichne alle Familientelefonate auf und lass sie am Heiligabend im Radio abspielen.

§ 6: Entscheide dich täglich dafür, wer du sein willst und wie du leben möchtest, und lass dir nicht versehentlich das eigens von deiner Familie verfasste „Drehbuch deines Lebens" unterjubeln.

§ 7: Messlatten kontrollieren nicht länger dein Leben. Diese werden unauffällig auf Polterabenden entsorgt oder beim Julklapp verschenkt.

§ 8: Klüngeln und Hochverrat werden fortan durch deine hochgradig genialen analytischen Fähigkeiten umgehend entlarvt und scheitern an deinem Komikzentrum. Über diese lustigen Familienspielchen kannst du in Zukunft nur noch lachen.

§ 9: Nutze Familienfeste ausschließlich dazu, um dich als Nestbeschmutzer gut zu präsentieren und perfekt in Szene zu setzen. Dazu gehört kontinuierliches Zuspätkommen genauso wie das Brechen aller Regeln des Familiengesetzbuches.

§ 10: Autoritäres Verhalten und totalitäre Dominanz innerhalb der Familie, um Nestbewohner einzuschüchtern und am Nestbeschmutzen zu hindern, führen leider zum genauen Gegenteil.

§ 11: Greife nach den Sternen, du wirst sie garantiert erreichen!

Bevor Sie jetzt starten und Ihr eigenes Gesetzbuch kreieren, lassen Sie uns noch einmal vertiefen, warum es wichtig ist, dieses Nestbeschmutzergesetzbuch zu schreiben und jeden einzelnen Paragrafen zu verinnerlichen: Wenn Ihnen nicht zu jedem Zeitpunkt Ihres Lebens bewusst ist, wer und wie Sie sein möchten, werden Sie genau dies ausstrahlen. Andere – und besonders der Familienmob – werden wie eine rasende Büffelherde über Sie und Ihre Gefühle hinwegtrampeln. Der

Kreativität Ihrer Lieben sind damit in Sachen Manipulation, um die eigenen Bedürfnisse befriedigt zu bekommen, keine Grenzen gesetzt. Ihren Nestbewohnern wachsen geradezu Flügel bei dem Versuch, die eigenen Ideen durchzusetzen und Ihre Kompetenz und uneingeschränkte Bereitschaft, Sie dabei zu unterstützen, dafür zu nutzen.

Schluss damit!

Jetzt ist es endlich so weit. Ihre große Stunde hat geschlagen. Sie sind mit großen, selbstsicheren Schritten unterwegs, als Nestbeschmutzer Ihr Unwesen zu treiben. Damit Ihnen dies hervorragend gelingt, bekommen Sie nun die große Chance, Ihr eigenes Nestbeschmutzergesetzbuch zu entwerfen.

Dieses Buch wird Sie ab heute durch Ihr Leben begleiten, Ihnen ein Feedback geben, ob Sie genau das Leben leben, das sie leben möchten, und es wird Sie einladen und inspirieren, Ihre Lebensmaxime immer wieder zu hinterfragen und bei Bedarf auch wieder neu zu entwerfen. Dieses Nestbeschmutzergesetzbuch wird Ihr ganz persönlicher Begleiter durchs Leben sein und Ihr bester Freund. Ihrer Kreativität sind keine Grenzen gesetzt! Jetzt kommt Ihr großer Auftritt!

MEIN PERSÖNLICHES
NESTBESCHMUTZERGESETZBUCH

Name: _____ Datum: _____

§: _____

§: _____

§: _____

§: _____

§: _____

§: _____

§: _____

§: _____

§: _____

§: _____

§: _____

§: _____

§: _____

§: _____

§: _____

§: _____

§: _____
§: _____
§: _____
§: _____
§: _____
§: _____
§: _____
§: _____
§: _____
§: _____
§: _____
§: _____
§: _____
§: _____
§: _____
§: _____

Traraaaa! Sie haben es geschafft! Sie haben den Grundstein für Ihre erfolgreiche Karriere als Nestbeschmutzer gelegt.

Sie sind dabei, Ihre Rolle in Ihrer Familie ein für alle Mal zu verändern, und Sie werden damit aufhören, sich von den lieben Nestbewohnern weiterhin manipulieren und in Ihrer persönlichen Freiheit einschränken zu lassen.

Willkommen in der Welt der mutigen Revoluzzer, Rebellen & Regelbrecher!

Vergessen Sie Ihr in Granit gemeißeltes Ebenbild auf dem Kaminsims Ihrer Familie und bleiben Sie ganz bei sich, konzentrieren Sie sich auf Ihre Bedürfnisse. Achten Sie darauf, dass Sie diesen Bedürfnissen zukünftig genau den Raum geben, den sie benötigen.

Haben Sie immer noch Hemmungen? Das verstehe ich. Ich frage mich nur, ob Ihre Familie Ihnen gegenüber auch Hemmungen hatte, als sie am Tag Ihrer Geburt beschlossen hat, Sie nach dem Familiengesetzbuch zu erziehen und ein unflexibles Idealbild von Ihnen in Granit zu meißeln. Prima, hätten wir das auch geklärt. Dann werfen Sie jetzt endlich Ihre Hemmungen dem Sündenbock zum Fraß vor!

Teil 2

DER FAMILIENMOB: MÖGLICHE ANGRIFFE, ERFOLGREICHE LÖSUNGEN

ören und sehen Sie sie auch? Darf ich vorstellen: Ihre Cheerleader! Ihr Chearleader-Team feuert Sie gerade an, dass das Nest nur so bebt! Dieses Team ist einfach gigantisch. Es besteht aus allen Nestbeschmutzern, die sich bereits vor Ihnen zum Nestbeschmutzer & Self Love-Rebellen bekannt haben. All jenen, die jetzt genau das Leben genießen, das zu ihren Vorstellungen passt und die *für sich* entschieden haben, Familienspiele gar nicht erst mitzuspielen, bei denen von vorne herein feststeht, wer der Verlierer ist. Nämlich der Nestbeschmutzer selbst beziehungsweise ... SIE!

Diese Nestbeschmutzer & Self Love-Rebellen, die Sie gerade jubeln hören und die Sie anfeuern, wollen Ihnen zeigen, dass der Schritt zu einem selbstbestimmten, glücklichen und unabhängigen Leben ein ganz kleiner ist. Und zwar in dem Moment, in dem Sie alle noch so kleinen und feinen Manipulationen seitens Ihrer Lieben und deren gegen Sie angewandten, destruktiven Mechanismen verstanden haben. Sozusagen das Zepter, das ihre Familie in der Hand hält, um zu verhindern, dass Sie der Mensch sind, der Sie sein wollen, und der Mensch werden, zu dem Sie berufen sind. Das Zepter IHRES Lebens, das ihre Familie unnachgiebig und mit viel Ausdauer für Sie zu schwingen beschlossen hat.

Ihr Chearleader-Team aus Self Love-Rebellen will Sie motivieren und couragieren. All diese Self Love-Rebellen, die Sie hier hören, haben sich in ihren Familien vielleicht nicht beliebt gemacht, aber das wollten sie irgendwann auch gar nicht mehr. Jedes dieser Teammitglieder will jetzt nur noch eins im Leben: wahrgenommen und respektiert werden – und zwar als genau der Mensch, der sie sind, und für genau das Leben, das ihr zutiefst eigenes ist. Dieses Team will jetzt als leuchtendes Beispiel an Ihrer Seite stehen, während Sie sich step by step zum Self Love Rebel upgraden und als Revoluzzer Ihr Leben endlich nach Ihren eigenen Vorstellungen gestalten.

Laufen Sie los! Geben Sie Gas und bereiten Sie einen Endspurt vor, den die Welt noch nicht gesehen hat. Sie sind jetzt auf dem Weg, alle, wirklich alle familiären Abgründe Ihrer Lieben, alle Spielchen, die dazu dienen, Sie im Status eines Zwergkaninchens zu halten, zu enttarnen und klar zu sehen. Ab ins Stadion mit Ihnen, in dem Sie jedem familiären Foulspiel entkommen und der Idee des Fairplay eine völlig neue Bedeutung zukommen lassen! Sie lernen jetzt endgültig den Unterschied zwischen einem Foul und echtem Fairplay, indem Sie, gemeinsam mit mir, alle subtilen Mechanismen erkennen.

Die Basics der Familienspiele haben Sie an dieser Stelle längst verstanden. Wir werden jetzt tiefer tauchen und in den finsteren familiären Katakomben alle entlegenen Winkel beleuchten. Stellen Sie sich diese Katakomben vor wie ein großes Footballstadion, in dem das Licht kurzfristig ausgegangen ist. Ein Kurzschluss, den … und nun raten Sie mal … natürlich Ihre Familie initiiert hat. Sie laufen im Dunkeln, unfähig, sich den Ball zu schnappen. Sie werden hin und her geschubst, weil Sie gar nicht erkennen können, aus welchem entlegenen Winkel in diesem finsteren Stadion Sie attackiert werden. Sie können lediglich ab und zu in letzter Sekunde reagieren und verhindern, dass Sie fallen. Aber allzu oft gelingt Ihnen dies nicht rechtzeitig und Sie werden von einer wildgewordene Herde entschlossener Familienmitglieder zu Boden gerissen.

Wir zwei werden jetzt dieses Stadion bis auf den letzten Platz ausleuchten. Das Zepter Ihres Lebens – in Form eines Footballs – nehmen nun Sie in die Hand! Ist es erst richtig hell, können Sie endlich erkennen, wer Anlauf auf Sie nimmt, versucht, Sie zu Boden zu werfen und Ihnen das Zepter Ihres Lebens wieder abzunehmen. Dies wird ab sofort nicht mehr gelingen! Die Attacken laufen einfach ins Leere, weil Sie mit Ihrem Football in der Hand mühelos einen Touchdown nach dem anderen hinlegen, Haken und Purzelbäume schlagen und sich Ihres Lebens freuen. Ihr Football, den Sie stolz in Ihren Händen tragen, ist natürlich kein unbeschriebenes Blatt. Auch daran haben Sie gedacht. Sie haben mit großen leuchtenden Lettern Ihr Nestbeschmutzergesetzbuch dort verewigt, damit Sie nie wieder vergessen, warum Sie auf dieser Welt sind und was genau Ihre Mission ist. Bevor Sie zur Freude aller Cheerleader und mir Haken und Purzelbäume mitsamt Ihrem Football schlagen, schalten wir das Licht im Stadion jetzt Lampe für Lampe an. Jeder Winkel wird bald hell ausgeleuchtet sein und in jedem werden Dinge zu finden sein, die Sie davon abhalten könnten, ein Leben als Nestbeschmutzer & Self Love Rebel zu führen.

Schnappen Sie sich jetzt den Football und laufen Sie querfeldein! Ich verspreche Ihnen, dass Ihnen kein Zwergkaninchen dieser Welt nun mehr folgen kann. Sie haben, indem Sie die Basics der Manipulationsspiele und Demoralisierungsversuche schon verstanden haben, mächtig an Tempo zugelegt. Sie wollen ab jetzt nur noch das eine: einen Touchdown. Sie wollen die höchste aller Punktzahlen in puncto Glück und Unabhängigkeit erreichen. Sie wollen den Superbowl (die Amateurliga ist nichts mehr für Sie), den Superbowl der Nestbeschmutzer & Self Love-Rebellen. Gewinnen Sie ihn, indem Sie Ihren Familienclan endgültig durchschauen und verstehen und diese Spaßbremsen auf die Ersatzbank schicken. Nächste Einwechslung ungewiss. Wir düsen jetzt gemeinsam übers Spielfeld und schalten die Lichter an. Eines nach dem anderen.

Durchleuchten wir nun die geheime Sprache Ihrer Familie und wenden uns den verbalen und nonverbalen Beeinflussungsmustern – subtil, aber durchschaubar – Ihrer Familie zu. Dies soll Ihnen dazu dienen, Manipulationsattacken auf Sie rechtzeitig zu erkennen, um jederzeit handlungsfähig zu bleiben. Welche subtilen Mechanismen sind Ihnen bewusst? Nehmen Sie sich viel Zeit, denn diese Sprache zu entschlüsseln, ist zunächst nicht sehr eingängig, aber durchaus machbar!

Beispiel 1

Ihre Mutter drückt allzu gerne auf die Tränendrüse, um alles von Ihnen zu bekommen, was *sie* braucht, um ein sorgenfreies Leben zu führen. Der Druck auf die Tränendrüse erfolgt verbal. Dicht gefolgt von einem nonverbalen, dramatischen Augenrollen gen Himmel und starkem Blinkern mit den Augenlidern, um die nicht vorhandenen Tränen wegzublinzeln.

Gerade hat Ihre Mutter erfahren, dass Sie erstmalig allein ins Ausland reisen und sich damit einen Traum erfüllen möchten: Ihr Ziel ist Südkalifornien. Ihre Mutter befürchtet, dass sie sich nun vor den Nachbarn rechtfertigen muss, warum ihr Kind plötzlich exotische Reisen unternimmt – und dann auch noch ohne die Eltern! Schließlich hat es kein Familienmitglied je weiter als nach Frankreich geschafft. Warum sollten dann ausgerechnet Sie sich solch einen Luxus gönnen?

Die Augenlider Ihrer Mutter beginnen bereits nervös zu zucken. Damit sie mit ihrer Tränendrüsennummer so richtig in Wallung gerät, heult Ihre Mutter Ihnen einen ihrer Standardsätze entgegen: „Nach allem, was ich für dich getan habe ...". Und ihre Augenpartie gerät schier außer Kontrolle.

→ Dies hat (unerklärlicherweise) zur Folge, dass Sie sich wie aus heiterem Himmel zu allem bereit fühlen. Sie haben nur noch eine Mission! Sie wollen Ihre Mutter retten und alles wieder gut machen! Was genau Sie wieder gut machen wollen, ist Ihnen zwar nicht bewusst, aber das ist ja auch zweitrangig. Hauptsache, Sie retten Ihre Mutter! Natürlich sagen Sie Ihren Urlaub in Kalifornien ab und fahren stattdessen mit Ihrer Mutter nach Frankreich. – Nichts anderes wollte Ihre Mutter erreichen.

Was ist passiert?
Die Tränendrüse geht in diesem Fall mit Ihrem schlechten Gewissen Hand in Hand. Hat Ihre Mutter schlau eingefädelt, gell? Wenn Sie die Tränendrüsennummer nur rechtzeitig durchschaut hätten, dann wären Sie auf diesen Manipulationsversuch sicher nicht eingestiegen.

→→ Entcodierung und Lösung – das können Sie tun:
Sie bedanken sich bei Ihrer Mutter für jede einzelne vergossene Träne, die Sie akribisch in einem Behälter aufgefangen und konserviert haben und in Ihrem Gepäck mit nach Kalifornien nehmen werden, um der dort herrschenden großen Trockenheit konstruktiv mit Tränenbewässerung zu begegnen. Ihre Mutter ist zunächst verblüfft – und die Tränenflut versiegt sogleich. Sie hat Ihrem altruistischen Pragmatismus nichts mehr entgegenzusetzen. Voilà!

Diese Sprache zu verstehen und nach Nestbeschmutzer- und Self Love Rebel-Art darauf zu reagieren, ist gar nicht so einfach. Deshalb schauen wir uns dieses Phänomen nun einmal näher an. Die Mutter aus dem Beispiel verwendet als Codewort üblicherweise den Satz: Nach allem, was ich für dich getan habe.

Welche heimlichen Codewörter / Sätze / Themen hat Ihre Mutter parat? Und wie reagieren Sie üblicherweise darauf? Was also erreicht sie damit bei Ihnen? – **verbal**

Codewort | *Reaktion*

_____

_____

_____

_____

Gibt es auch bestimmte Gesten oder Mimiken, die Ihre Mutter gerne ein- und aufsetzt, um Sie zu manipulieren? – **nonverbal**

Im Beispiel war es das Augenrollen und das Blinkern mit den Lidern.

_____

_____

_____

_____

Mit was für einem Kaliber haben wir es überhaupt bei Ihrer Mutter zu tun?

☐ Klein
☐ Mittel
☐ Groß
☐ Riesengroß

Ich denke, egal mit welcher Größe wir es hier zu tun haben: Sie werden ab sofort mit enormer Scharfsichtigkeit an den Lippen Ihrer Mutter hängen, um den roten Faden, der sich hier offenbart, aufzunehmen, bis zum Ende zu verfolgen und zu entwirren. Am besten, Sie schreiben in ein kleines Buch, welche Sätze Ihre Mutter mantramäßig abspult, um an ihr Ziel zu gelangen. Dieses Ziel wird jedoch in Kürze in sehr, sehr weite Ferne rücken. Den Schlüssel hierzu halten Sie in der Hand: Er liegt im Enttarnen des Manipulierers, indem Sie die Manipulationscodes knacken. Stecken Sie den Schlüssel ins Schloss! Sie verstehen einfach ab sofort die Spielregeln – und entscheiden sich, nicht mehr mitzuspielen, einverstanden?!

Weiter geht's mit anderen Nestbewohnern.
Beispiel 2
Ihre Tante hat folgende Codewörter für sich beansprucht, um sich freien Zutritt zu Ihnen zu verschaffen: Ob Sie ihr „einen RIESEN-Gefallen" tun könnten.
→ Natürlich möchten Sie Ihr RIESIG gerne helfen, denn dann sind Sie ja schließlich ein RIESEN-Held – und RIESEN-Held/-Heldin zu sein, ist klasse!
Oder aber: Ihre Tante gibt vor, in diesem und jenem talentfrei zu sein, und braucht dringend Ihre Hilfe, weil „NIEMAND DAS SO GENIAL KANN" wie Sie.

→ Bei Ihnen löst das aus, dass Sie glauben, Ihre Einzigartigkeit würde endlich erkannt werden und Ihre Tante würde sehen, dass Sie etwas ganz Besonderes sind ...

Das sind Sie auch! Das Besondere an Ihnen ist, dass Sie bisher immer JA gesagt haben, weil das so im Familiengesetzbuch steht, es vermeintlich Punkte auf Ihr Konto gebracht und Sie sich deshalb erhofft hatten, eines Tages endlich die Messlatte berühren zu können.

→→ Entcodierung und Lösung:
Sie sagen Ihrer Tante, Sie wissen, dass Sie ein RIESEN-Held sind und deshalb auch gerne riesige Gefallen tun, doch leider nicht jetzt und nicht ihr.

Oder: Sie bedanken sich bei Ihrer Tante für das Ihnen entgegengebrachte Vertrauen und sagen Ihr, Sie können ihr leider nicht helfen. Sollten Sie einmal mehr Zeit haben, werden Sie sich gerne bei ihr melden. Sehen Sie, so einfach kann es sein!

Gehen Sie jetzt den gesamten Nestclan im Einzelnen durch und achten Sie auf Codewörter, wiederkehrende Sätze, Mimik und Gestik. Schauen Sie sich hier noch einmal die Rollentabelle auf Seite 86 an. Wir wollen schließlich niemanden vergessen!

Wer versucht **womit**, Sie zu erreichen und zu manipulieren? Was löst bei Ihnen die plötzliche Bereitschaft aus, alles, einfach alles für XY tun zu wollen?

Wer	(erreicht) womit	was?

Geschafft! Ich gratuliere Ihnen! Das war ein harter Brocken! Sie haben nun ein wichtiges Manipulationsmuster innerhalb Ihrer Familie entschlüsselt. Ab sofort knackt Ihre Familie nur noch Nüsse. Sie sind nämlich ab jetzt **unknackbar**!

Super, wie werden Sie Ihren Triumph jetzt feiern?

Nehmen Sie den Schwung vom Feiern mit! Wir wenden uns nun einem weiteren beliebten verbalen und nonverbalen Mechanismus zu, der gerne eingesetzt wird, um Nestbeschmutzung zu verhindern.

EINSCHÜCHTERUNGSVERSUCHE

Vielleicht haben Sie sich im Laufe des Buches schon gefragt, warum Sie noch kein selbstbewusster Nestbeschmutzer sind oder vielmehr: es bisher vielleicht nicht waren. Die Antwort ist ganz einfach. Ihre Familie wird im Laufe Ihres Lebens vermutlich subtile Einschüchterungsversuche unternommen haben, die Sie daran hindern sollten, volle Fahrt als Nestbeschmutzer aufzunehmen. Diese Einschüchterungsversuche schauen wir uns jetzt näher an.

Stellen Sie sich bitte folgende hypothetische Situation vor: Ihr Onkel maßregelt Sie bei einem Fest im Garten Ihrer Eltern, weil Sie als Erste(r) zur Schüssel mit dem Kartoffelsalat gegriffen haben. (Das dürfen Sie natürlich, schließlich fühlen Sie sich bei Ihren Eltern zu Hause.) Sie konfrontieren ihn daraufhin und sagen ihm, dass sein Verhalten Sie irritiert. Er wird darauf noch ausfallender und Ihre Eltern und Geschwister rufen Sie augenblicklich zur Räson. Ja, Sie haben richtig gehört. Sie – nicht Ihr Onkel – werden zur Räson gerufen!

→ Sie schweigen und lassen es mit sich geschehen, denn es hat sich ein leiser Zweifel eingeschlichen, ob Ihre Familie mit ihrem Verhalten Ihnen gegenüber vielleicht richtig liegt. Schließlich sind sich ja alle darüber einig, dass Sie sich nicht zu allererst vom Salat hätten nehmen dürfen. Es hinterlässt zumindest einen Hauch Besorgnis in Ihnen, dass das Verhalten Ihres Onkels Ihnen gegenüber gerechtfertigt gewesen sein könnte.

Ich sage Ihnen: Das war es zu keinem Zeitpunkt!

Sie dürfen bei einem ungezwungenen Gartenfest natürlich als Erste(r) zur Salatschüssel greifen. Warum denn nicht? Einzig daneben benommen hat sich Ihr Onkel, dicht gefolgt vom restlichen Familienmob, der ja einmal mehr zu Höchstformen gegen Sie aufgelaufen ist.

Wie konnte es so weit kommen? Nun stellen Sie sich vor, der Spaß wiederholt sich über viele Jahre in unterschiedlichen Situationen und Ausprägungen. Dies kann zur Folge haben, dass Sie diese Grenzüberschreitungen als ein Stück Normalität begreifen. Ihrem ursprünglichen Gefühl, dass sich das Verhalten Ihrer Familie Ihnen gegenüber ungerechtfertigt anfühlt, schenken Sie schon lange keine Beachtung mehr. Irgendwann in Ihrem Leben werden Ihnen mit anderen Menschen und in anderen Situationen ähnliche Grenzüberschreitungen widerfahren. Da Sie inzwischen gewohnt sind, nicht mehr auf Ihr Gefühl zu hören und den Fehler zuerst bei sich zu suchen, wird Ihnen die Grenzüberschreitung nicht mehr auffallen. Unterschiedliche Grenzüberschreitungen werden Sie weiter durch Ihr Leben begleiten und, glauben Sie mir, Ihnen beträchtlich schaden.

Zurück zu Ihrer Familie: An Nestbeschmutzung ist jetzt nicht mehr zu denken, denn das Verhalten Ihres Onkels und der anderen Familienmitglieder wurde von Ihnen als harmlos eingestuft und eben nicht als ungerechtfertigt und grenzüberschreitend. Weil Sie sich in der Folge nie wirklich sicher sind, ob es sich um Grenzüberschreitungen Ihnen gegenüber handelt, wehren Sie sich nicht und sprechen auch mit niemandem darüber. Ihre Sorge, einem anderen Menschen (hier: dem Grenzüberschreitenden) unrecht zu tun, ist zu groß. Ihr Unrechtsbewusstsein & Bauchgefühl hat sich schließlich schon vor vielen Jahren von Ihnen verabschiedet und ist auf Reisen gegangen. Aufenthaltsort ungewiss.

→→ **Aber genau das werden wir jetzt ändern!** Es ist wichtig, dass Sie lernen, Ihren Gefühlen wieder zu trauen und das, was sich für Sie falsch anfühlt, auch als solches zu erkennen und vor allem: es nestbeschmutzermäßig zu benennen und darauf adäquat zu reagieren. Jederzeit & überall!

Nestbeschmutzung hat etwas sehr Befreiendes! Glauben Sie mir! Ich spreche wirklich aus Erfahrung.

Nun zu Ihrer Familie. Welche ähnlichen **Einschüchterungsversuche** innerhalb Ihrer Familie erinnern Sie?

_____

_____

_____

Grenzüberschreitungen erkennen Sie oft daran, dass Sie sich in Gegenwart des Grenzüberschreitenden unwohl fühlen, Sie sich schlagartig weniger selbstbewusst erleben. Sie glauben, erbsengroß zu sein.

Grenzüberschreitungen lassen wir aus unterschiedlichen Gründen zu. Oftmals bleiben sie einfach unbemerkt, weil Menschen daran gewöhnt sind und dieses Verhalten als „normal" sich gegenüber akzeptiert haben. In anderen Fällen setzen Menschen keine Grenzen, weil sie sich selbst nicht glauben, dass es sich um eine Grenzüberschreitung handelt, sie diese nicht ernst nehmen und sie bagatellisieren. Diese Menschen haben oft eine hohe Leidensfähigkeit. Es gibt Menschen, denen es schwer fällt,

Grenzen zu setzen, weil sie, bewusst oder auch unbewusst, Angst haben, den Grenzüberschreitenden zu verlieren, wenn sie ihn darauf aufmerksam machen.

Ich wiederhole mich jetzt gerne: Nehmen Sie bitte alle von Ihnen damals oder heute wahrgenommen Gefühle ernst. Gefühle irren sich nie! Einzig die Interpretation von Gefühlen kann Sie in eine falsche Richtung führen.

HOCHVERRAT

Hochverrat zählt ebenfalls zu den subtilen Einschüchterungsversuchen, die Ihre Familie anwendet, um Sie an Nestbeschmutzungen – und an einem freien, individuellen Leben nach Ihren Vorstellungen zu hindern.

Was fällt Ihnen zum Thema Hochverrat bezüglich Ihrer Familie ein? Was assoziieren Sie mit diesem Begriff?

_____

_____

Tasten wir uns langsam an den Hochverrat heran.
Sind Sie schon einmal in Ihrer Familie bloßgestellt worden?

☐ Ja
☐ Nein
☐ Bin mir nicht sicher
☐ Habe ich verdrängt

Wir wenden uns nun den unterschiedlichen Gesichtern des Hochverrates zu.

LÄCHERLICH MACHEN UND BLOSSSTELLEN

Kommt Ihnen das bekannt vor? Sie werden im Kreis Ihrer Familie oder sogar in aller Öffentlichkeit von Ihrer Familie lächerlich gemacht, bloßgestellt und erheblich im Status gesenkt. Ihrer Familie dient dies dazu, sich mächtig zu fühlen und eine kleine gemeine Täter-Opfer-Verkehrung einzufädeln. Täter-Opfer-Verkehrung heißt nichts anderes, als dass Sie eigentlich das Opfer sind, jedoch zum Täter deklariert werden und Ihre Familie sich als bemitleidenswertes Opfer darstellt – zum Beispiel als Opfer eines schwierigen Kindes. Und das sind Sie ja, spätestens nachdem Sie dieses Buch zu Ende gelesen haben und zum selbstbewussten Nestbeschmutzer mutiert sind. Oder?

Stellen Sie sich folgende Situation vor:
Anlässlich des Geburtstages Ihres Vaters wird im Hause Ihrer Eltern ein großes Fest gegeben. Sie werden bei dieser Feier von einem alten Freund der Familie interessiert gefragt, was Sie für berufliche Ideen nach Ihrem kürzlich abgeschlossenen Studium haben. Sie freuen sich über das Ihnen ehrlich entgegengebrachte Interesse und berichten freudestrahlend von Ihren beruflichen Visionen. Sie sprudeln geradezu vor Ideen. Der Freund Ihrer Familie ist davon begeistert und konstatiert, dass er Ihnen das alles absolut zutraut. Sie freuen sich, fühlen sich stolz und sehr glücklich in diesem Moment.

Plötzlich schaltet sich Ihre Mutter in das Gespräch ein und verkündet vor der Gästerunde, dass Sie in einer viel zu teuren Wohnung leben, ihres Wissens Schulden bei der Bank haben und Sie Ihre Diplomarbeit ja gerade erst abgegeben haben. Außerdem seien diese beruflichen Ideen nichts als Flausen. Dabei lacht Sie Ihnen (mimisch) freundlich entgegen, was natürlich zum Ziel hat, bei Ihnen eine Beißhemmung auszulösen.

→ Diese ist bei Ihnen auch sogleich eingetreten: Sie ringen mit der Fassung und kämpfen gegen die aufkommenden Tränen. Die Gäste verstummen peinlich berührt für 2 Sekunden – und Sie wünschen sich nichts sehnlicher, als sich in Luft aufzulösen. Ihre Mutter lächelt immer noch entwaffnend und die anderen Gäste nehmen das Gespräch wieder auf. Es ist, als sei nichts geschehen. Doch für Sie ist gerade die Welt zusammengebrochen. Sie fühlen sich mal wieder wie ein Zwergkaninchen und hoppeln traurig nach Hause.

Haben Sie eine ähnliche Situation schon einmal erlebt? Wenn ja, was ist damals geschehen?

Anlass | *Wann* | *Was ist geschehen?*

_____

_____

_____

Wie haben Sie sich danach gefühlt?

_____

Wie haben Sie damals reagiert?

_____

Sind Sie mit Ihrer Reaktion im Nachhinein zufrieden?

_____

Wenn nicht, wie hätten Sie stattdessen lieber reagiert?

_____

Hatte diese Situation Konsequenzen innerhalb der Familie für das betreffende Familienmitglied? Wenn ja, welche?

Wer hat diese Konsequenzen vollzogen, Grenzen gesetzt und Ihnen damit den Rücken gestärkt?

Haben Sie Konsequenzen daraus gezogen? Wenn ja, welche?

Haben sich ähnliche Situationen dieser Art wiederholt? Wenn ja, welche, wann und wer war daran beteiligt?

Welche Folgen hatten diese Erlebnisse rückblickend für Sie?

Wie haben sich diese Erfahrungen auf Ihr Selbstbewusstsein ausgewirkt?

→→ Wie werden Sie ab heute in einer derartigen Situation reagieren?

Schreiben Sie ein kurzes Drehbuch, das eine ähnliche Situation beschreibt, und skizzieren Sie, wie Sie vorhaben, darauf zu reagieren.

Wie und mit welcher Stimmlage werden Sie antworten, und welche Körperhaltung nehmen Sie ein (ich rate Ihnen von der eines Zwergkaninchens dringend ab). Wie präsentieren Sie sich also, und welche unmittelbaren Konsequenzen ziehen Sie, nachdem Sie von Ihrer Familie öffentlich bloßgestellt und lächerlich gemacht wurden? – Und vergessen Sie nicht: Ich möchte eine echte Nestbeschmutzerperformance sehen!

Mein Nestbeschmutzer-Drehbuch:

_____

_____

_____

_____

_____

_____

_____

_____

Dieses Drehbuch dient Ihnen ab jetzt dazu, sich gedanklich auf weitere perfide Situationen innerhalb Ihrer Familie vorzubereiten und den Bloßstellern und Lächerlichmachern den Gar aus zu machen. Denn diese Maßnahmen seitens Ihrer Familie bringen den Nestbewohnern nur Spaß, wenn sie ihr Ziel erreichen. Das wird Ihrer Familie jedoch nicht mehr gelingen! Sobald Sie eine innere Position bezogen haben, sich zukünftig nicht mehr vorführen zu lassen, wird Ihre Familie dies wahrnehmen und vermutlich Ihr Verhalten Ihnen gegenüber verändern. Beim nächsten Mal werden Sie mithilfe Ihres Drehbuches adäquat reagieren und statt als Zwergkaninchen in Ihrer vollen Körpergröße aufrecht nach Hause gehen!

WITZE AUF IHRE KOSTEN

Ein weiteres Gesicht des Hochverrates zeigt sich besonders in humorvollen Familien.

Stellen Sie sich Folgendes vor:
In Ihrer Familie wird gerne gelacht und am liebsten über Sie. Jede sich bietende Gelegenheit wird genutzt, um einen Witz auf Ihre Kosten loszulassen. Besonders beliebt sind Witze über Ihren Beziehungsstatus (Sie sind Single) und Scherze darüber, dass Sie beruflich noch weit hinter Ihren Geschwistern stehen. Kumpelhaft wird Ihnen nach dem Verkünden dieser zweifelhaften Späße auf die Schulter geklopft.

→ Sie lachen nicht mit und müssen sich nun auch noch anhören, dass Sie gar keinen Humor haben. Sie fühlen sich mal wieder wie ein Häufchen Elend und werden von Selbstzweifeln geplagt. Ihnen ist die Sache so peinlich (Single zu sein und beruflich noch nicht Ihr volles Potenzial zu leben), dass Sie sich nicht vorstellen können, darüber jemals mit einem anderen Menschen zu sprechen. Sie glauben tatsächlich, defizitär zu sein, und möchten schließlich kein zweites Mal zu hören bekommen, dass es Ihnen an Humor fehlt.

Traraaaa!! Und wieder hat es Ihre Familie geschafft, Sie im Status zu senken. Sehen Sie auch das Zwergkaninchen? Traurig hoppelt es gerade vorbei.

Ist Ihre Familie eine solch humorvolle wie eben beschrieben?
Wenn ja, dann sind Sie sicher schon ein bis zweimal in den zweifelhaften Genuss gekommen, dass Witze auf Ihre Kosten den Mob in hysterisches Gelächter getriggert haben. Haben Sie mitgelacht? Nein? Das habe ich mir gedacht. Wie haben Sie denn reagiert?

Welche Folgen hatte es bisher für Sie, wenn die Ulknudeln auf Ihren Nerven herumgesprungen sind?
Heben Sie bitte die Hand, wenn Sie mit diesen körperlichen Symptomen schon einmal auf den einen oder anderen Hochverrat seitens Ihrer Lieben reagiert haben:

☐ Herzstiche
☐ Magenschmerzen
☐ Rückenschmerzen
☐ Flache Atmung und gelegentliches Luftanhalten
☐ Gefühle von Traurig- und Hoffnungslosigkeit
☐ Nächtliches Zähneknirschen
☐ Tinnitus
☐ Sonstige Symptome

Ich sehe, Sie haben Ihre Hand eifrig gen Himmel gehoben. Das habe ich mir gedacht. Diese kleinen, feinen Symptome sind nichts anderes als Stressreaktionen Ihres Körpers aufgrund seelischer Verletzungen. Diese Stressreaktionen können natürlich multikausalen Ursprungs sein. Wenn Sie bei Ihnen auftreten, sind sie natürlich unbedingt ärztlich abzuklären.

116

Wenn Sie diese körperlichen Stressreaktionen zufällig häufiger nach dem Kontakt mit Ihrer Familie feststellen, handelt es sich vermutlich weder um eine genetische Prädisposition noch um einen großen Zufall. Beobachten Sie doch einmal, wie Sie rein körperlich auf den Kontakt mit den Nestbewohnern reagieren.

Was halten Sie davon, wenn wir eigens hierfür eine kleine Liste der körperlichen Reaktionen anlegen, die Sie aktuell erinnern:

Familienmitglied | körperliche Reaktion(en) | nach folgendem Kontakt/Situation

_____

_____

_____

_____

→→ Achten Sie in den kommenden Tagen und Wochen, nachdem Sie Kontakt (live, per SMS, E-Mail, Telefon, Skype, Brief etc.) mit Ihrer Familie hatten, auf körperliche Reaktionen und schreiben Sie diese in die Liste. Ich bin gespannt, was Sie wahrnehmen werden!

Familienmitglied | körperliche Reaktion(en) | nach folgendem Kontakt/Situation

_____

_____

_____

_____

Sobald Sie auf die seelischen Verletzungen Ihrer Familie adäquat/nestbeschmutzerlike reagieren und gesunde Konsequenzen ziehen, werden sich diese körperlichen Stressreaktionen, Ihre Familie betreffend, minimieren.

HOCHVERRAT FÜR FORTGESCHRITTENE

Und nun zum Hochverrat für Fortgeschrittene: Ziehen Sie sich warm an, denn diese Form des Hochverrats friert auch die wärmste Seele ein.

Stellen Sie sich bitte folgende hypothetische Situation vor:
Sie haben Ihrer Tante im Vertrauen erzählt, dass Sie verliebt sind. Das Objekt Ihrer Begierde ist jedoch eine Person, die Ihrer Familie ganz sicher missfallen wird. Dies liegt gar nicht an der Person selbst – es handelt sich durchaus um einen sehr liebenswerten, erfolgreichen und kultivierten Menschen. Es ist ein ganz anderes „Problem", das hier in rasender Geschwindigkeit auf Ihre Familie zukommt. Ahnen Sie es schon? Nein? Komisch, Sie müssten es doch eigentlich wissen. Schließlich sind Sie verliebt und nicht ich. Also, dann werde ich Ihnen nun verraten, um welches „Problem" es sich handelt:
Sie haben sich in eine Person ...
- ... aus einem anderen Kulturkreis/ mit Migrationshintergrund verliebt.
- Ihr Objekt der Begierde zieren einige Piercings oder Tattoos.
- Die berufliche Situation Ihres Angebeteten ist ausbaufähig.
- Die Zielperson befindet sich außerhalb des Kontrollfeldes Ihrer Familie auf einem anderen Kontinent.

- Ihre Traumfrau/-mann hat ein zielsichereres und selbstbewussteres Auftreten als das Familienoberhaupt Ihres Clans und das führt unweigerlich zu Statuskämpfen.
- Sie haben sich in eine Person des gleichen Geschlechts verliebt.
- Es gibt einen auffallenden Altersunterschied.
- Die Person hat eine Scheidung hinter sich.
- Es gibt eine Scheidung und auch noch Kinder, die nicht die Ihren sind.

- _____

- _____

Auweia! All diese Szenarien gehören in unseren Breitengraden nun wirklich zu den exotischsten Dingen, die passieren könnten und die in den Köpfen Ihrer Lieben jede Grenze des Vorstellbaren sprengen und so unweigerlich zu einer tiefen Verunsicherung des Familienmobs führen.

Stopp! Legen Sie das Buch jetzt nicht zur Seite. Ich möchte doch nur, dass Sie sich einmal in diese Lage hineinversetzen.

Und weiter geht's: In Ihrer Tante sehen Sie also eine potenzielle Verbündete und erhoffen sich Schützenhilfe bei Ihrem „Outing". Denn Ihre Tante ist eine weltoffene Person. Sie reagiert auf Ihre Neuigkeit auch recht relaxed. Sie sind heilfroh. Was Sie jedoch nicht ahnen ist, dass Sie das relaxte Verhalten Ihrer Tante falsch interpretiert haben. Sie macht vielmehr gute Miene zu bösem Spiel und wetzt hinterrücks bereits das Messer, in das Sie wenige Tage danach laufen werden.

Vier Tage später besuchen Sie Ihre Tante und wollen mit ihr bei einem Tee wieder über Ihr neues Glück sprechen. Und da geschieht es. Ihre Tante zückt das Messer in Form eines scharfen verbalen Angriffs und zerlegt Sie in Ihre Einzelteile. Sie sei entsetzt und würde hoffen, dass Sie sich das noch einmal anders überlegen. Sie habe bereits einen Defibrillator im Internet bestellt, den sie im Falle Ihres „Outings" vorsichtshalber zu Ihren Eltern und Geschwistern mitnehmen wird. Autsch, das hat wehgetan, stimmt's?

→ **Fassen wir nun noch einmal zusammen:** Hochverrat dient Ihrer Familie dazu, Ihnen das Gefühl zu vermitteln, Sie in der Hand zu haben, und Ihnen gleichzeitig einzureden, dass es unklug ist, Menschen zu vertrauen. Menschen generell. Und das soll Ihnen den Spaß am Nestbeschmutzen vergrätzen. Im Falle eines Hochverrates fühlen Sie sich wie ein Täter und haben vor lauter Schreck vergessen, dass Sie das eigentliche Opfer sind. Sie haben also Schuld und das sollten Sie besser für sich behalten. Ihre Familie erreicht damit, dass Sie sich künftig keinem Menschen mehr anvertrauen und natürlich auch mit niemandem über die Nestbewohner sprechen.

→→ **Doch damit ist jetzt Schluss!** Denn Sie haben jetzt durchschaut, dass das Ziel des Hochverrats ist, Sie zu schwächen und Sie damit am Nestbeschmutzen zu hindern. Denn um anderen etwas Wahres über Ihre Familie zu erzählen (Nestbeschmutzen) und ein individuelles, freies und skandalreiches Nestbeschmutzerleben zu führen, braucht es vor allem Vertrauen und Selbstbewusstsein. Es gilt hier noch einiges geradezurücken. Und zwar im Kopf Ihrer Familie!

ROLLENBILDER

Ihre Familie stiftet gerne Verwirrung. Besonders bei Ihnen. Es macht aber auch einfach so viel Spaß, Ihnen dabei zuzusehen, wie Sie nicht mehr wissen, wo oben und wo unten ist. Und Ihren irritieren Gesichtsausdruck zu genießen, der verrät, dass Sie sich fragen, was denn nun eigentlich richtig und was falsch ist. Blinde Kuh mit Ihnen zu spielen, liegt voll im Trend, denn wenn Sie erst einmal schwindlig sind vor lauter Unsicherheit und blind umhertapsen, sind Sie ganz wunderbar zu beeinflussen. Am leichtesten sind Sie zu knacken, wenn Sie die Orientierung verloren haben.

Das würde ich mir mit Ihnen nun gerne näher anschauen: Ihre Mutter ist ein kleiner Dickschädel. Mit zunehmendem Alter hat sie sich auch noch zu einem echten Trotzkopf entwickelt, der seinem Unmut über Sie nur allzu gerne Luft macht. Dieser Unmut entsteht besonders dann, wenn Sie sich Dinge erlauben, die nicht zu dem Bild passen, das Ihre Mutter von Ihnen hat. Und noch viel schlimmer, das nicht zum Weltbild Ihrer Mutter passt.

Beispiel

Frauen lachen nicht laut und schlagen sich dabei auch nicht auf die Schenkel. Das hat nach Meinung Ihrer Mutter einen zu proletarischen Charakter. Vielmehr kichern Frauen über Witze leise vor sich hin und schauen dabei verschämt nach links und rechts.

→ Nennen Sie nun 3 typische Sätze/Kommentare und Gesten/ Blicke, die Ihnen Ihre Mutter regelmäßig vermittelt und mit denen Sie Ihnen zu verstehen gibt, dass Sie so, wie Sie sind, nicht ihrem Weltbild entsprechen: verbal, aber auch nonverbal, wie unergründliche Blicke, Zunge schnalzen, die Luft scharf einziehen und mit den Augen rollen, unruhig mit dem Knie wippen und scharf nach rechts schauen ...

_____

_____

_____

_____

Wie reagieren Sie typischerweise, wenn Ihre Mutter wieder einmal versucht, Ihnen Ihre Unvollkommenheit zu demonstrieren?

_____

_____

Wie fühlen Sie sich mit Ihrer Reaktion?

_____

_____

Würden Sie lieber anders reagieren? Wenn ja, wie?

_____

_____

Warum haben Sie das bisher noch nicht getan? Bitte rechtfertigen Sie sich jetzt:

_____

_____

→→ **Dann wird es jetzt Zeit, einen mutigen Vorstoß zu wagen!**

Stellen Sie sich eine typische „Weltbild-Konfliktsituation" mit Ihrer Mutter vor und antworten Sie Ihr so, wie Sie es eben aufgeschrieben haben. Bleiben Sie dabei souverän und entspannt.

Beispiel
Ihre Mutter ermahnt Sie in Gegenwart Ihrer neuen Beziehung, leiser zu lachen, und erinnert Sie daran, dass Ihr lautes Lachen einen proletarischen Charakter hat. Anstatt peinlich berührt und mit glühenden Wangen vor Ihr zu sitzen, loben Sie Ihre Mutter für ihre gute Beobachtungsgabe und lachen einfach weiter.

→→ **Und jetzt Sie:**

_____

_____

_____

_____

Sind Sie mit Ihrer Reaktion jetzt zufrieden? O.K.! Dann wird es Zeit, dass Sie zur Tat schreiten. Wann und bei welcher Gelegenheit werden Sie Ihre neue Strategie anwenden?

_____

KLÜNGELN

Ein allzeit beliebtes Familienspiel ist das Klüngeln. Beruflich scheint sich das Klüngeln ja manches Mal auszuzahlen,
familiär hingegen nimmt es nicht selten die finstere Gestalt
eines Mobs an.

→ **Was passiert?**
· Familienmitglieder sprechen mit Ihnen in der **Wir**-Form.
· Sie haben eine Meinungsverschiedenheit mit einem Famili-
  enmitglied. Plötzlich rufen auch andere Familienmitglieder
  bei Ihnen an, um diese zu klären.
· Sie streiten sich mit Ihrer Mutter. Plötzlich spricht auch
  Ihr Vater nicht mehr mit Ihnen, und Ihr Bruder behauptet,
  nicht mit Ihnen verwandt zu sein.

Finden Sie heraus, wer in Ihrer Familie untereinander vernetzt
ist!
Wer beeinflusst sich / gegenseitig / wer lässt sich von wem
manipulieren? Wer eignet sich zum Superklüngler und was
hat das alles mit Ihnen zu tun?

Schreiben Sie die Namen der einzelnen Familienmitglieder auf
der nächsten Seite auf. Ordnen Sie sie kreisförmig an. Ziehen
Sie nun Linien und vernetzen Sie Ihre Familie. Schreiben Sie
nun Ihren Namen an den Rand und binden sie die Linien der
Familienmitglieder aneinander, die gegen Sie klüngeln.

Fertig? O.K., welche Gefühle löst das in Ihnen aus, wenn Sie sich dieses Bild näher betrachten?

_____

→→ Es ist hart, ich weiß. Aber damit ist jetzt Schluss! Wir schreiten zur Lösung!

Welche Antworten können Sie sich in Zukunft parat legen, wenn der Familienmob Ihnen gegenüber wieder außer Kontrolle gerät?

Beispiel: Ihre Schwester ruft Sie an und kreischt ins Telefon, sie habe gehört, Sie hätten Streit mit Ihrer Mutter. Was das denn schon wieder solle! – Sie antworten ruhig und besonnen: „Interessante Beobachtung, muss ich mal drüber nachdenken." Zack ... ausgebremst! Wie lang ist die Bremsspur?_____ Meter!

Welche Situationen in Ihrem Leben wiederholen sich immer wieder und welche Familienklüngler wollen Sie am liebsten sofort ausbremsen?

Situation: _____

Nestbeschmutzer-Antwort:_____

Bremsspurlänge: _____ Meter.

Situation: _____

Nestbeschmutzer-Antwort:_____

Bremsspurlänge: _____ Meter.

Situation: _____

Nestbeschmutzer-Antwort:_____

Bremsspurlänge: _____ Meter.

Situation: _____

Nestbeschmutzer-Antwort:_____

Bremsspurlänge: _____ Meter.

Ich schlage vor, Sie konfrontieren die Klüngler in der nächst-besten Situation mit Ihrer Nestbeschmutzer-Antwort, die Sie sich übrigens auch ans Telefon kleben können, und messen da-nach immer die Bremsspur. Ich könnte mir gut vorstellen, dass sich die Klüngler eines Tages in Luft auflösen. Denn Klüngeln macht dem Familienmob nur Spaß, wenn er sich unerkannt fühlt. Und das hat sich ja jetzt erledigt. Gratulation!

DOMINANZVERHALTEN

Graben wir nun weiter in der Spielzeugkiste des Grauens in Ihrer Familiengruft und schauen, was wir Spannendes zutage fördern. Spiele wie „Wer-sich-am-lautesten-auf-die-Brust-trommelt-wird-hoffentlich-gehört" oder „Platzhirsche-sind-nicht-nur-in-freier-Wildbahn-schön-anzusehen" sind in Ihrer Familie absolut en vogue. Schauen wir uns doch diese Art der Einschüchterung einmal genauer an und wenden uns einer beliebigen Person Ihrer Familie zu, die für Sie eine gewisse Dominanz ausstrahlt oder auf Sie ausübt.

→ Grundsätzlich ist dieses Familienmitglied ein aufmerksamer, empathischer und reflektierter Mensch, besonders dann, wenn es nicht um Sie geht. Bewiesen hat sie dies, indem sie sich besonders aufmerksam Ihren Geschwistern, anderen Familienmitgliedern, ihrer Arbeit oder zahlreichen anderen Leidenschaften zugewendet hat. Sie wurden dabei leider für gewöhnlich vergessen. Um ihre Spuren zu verwischen, signalisiert diese Person gerne verbal oder auch nonverbal in aller Öffentlichkeit, dass Sie nur entfernt miteinander verwandt sind.

Noch als Sie ganz klein waren, hat diese Person erkannt und den Plan entwickelt, dass Sie besonders schnell selbstständig und unabhängig werden, wenn sie Sie weitestgehend allein durchs Leben laufen lässt, Ihre Bedürfnisse ignoriert und sich mit Ihnen möglichst wenig auseinandersetzt. Indem man sich möglichst wenig nach Ihnen erkundigt und sich nur partiell mit Ihnen zu beschäftigt, sind Sie in der Lage, die nötige Stärke zu entwickeln, um Ihr Leben erfolgreich zu gestalten. Als vertrauensbildende Maßnahme werden Sie ab und zu, mindestens jedoch alle sieben Jahre, angerufen. Immerhin, besser als gar nicht. Für das soziale Miteinander sind schließlich andere Nestbewohner zuständig. Das reicht völlig aus.

Diese Ignoranz seitens der dominanten Person haben Sie bisher einfach so hingenommen. Sie hatten auch hier wieder eine Beißhemmung, weil Sie sich nicht sicher waren, ob Sie das vielleicht sogar verdient haben.

Da ist es wieder! Sehen Sie es auch? Das Zwergkaninchen! Das Problem ist hier nicht nur, dass der Dominante sich nicht mit Ihnen und Ihrer Persönlichkeit auseinandersetzt. Nein, es kommt noch viel besser! Er glaubt trotz chronischer mentaler und physischer Abwesenheit, ein Mitspracherecht in Ihrem

Leben zu haben. Und diese Mitsprache (§ 2 Familiengesetz-buch) äußert sich in erster Linie in Besserwisserei bezüglich Ihres Lebens. Der Dominante lebt hier seine kreative Seite aus und entwickelt allzu gerne größenwahnsinnige Ideen für Ihre Lebensplanung und -gestaltung. Seiner Fantasie sind hier keine Grenzen gesetzt. – Im Ergebnis gewinnt die Dominanz – und in diesem Punkt sitzt der Dominierende Zeit Ihres Lebens schon immer am längeren Hebel.

Wer dominiert Sie allzu gerne in Ihrer Familie?

In welche Bereiche Ihres Lebens greift diese Person ein und dominiert Sie mit seinen realitätsfernen Ideen über Ihre Le-bensplanung?

→→ Wie haben Sie darauf bisher überwiegend reagiert?

☐ Ich habe versucht, das besserwisserische Monologisieren zu stoppen, bin aber bisher immer kläglich gescheitert.

☐ Ich habe begeistert zugestimmt, trotzdem ich anderer An-sicht war. Nichts ist schließlich wichtiger als der ausbalan-cierte Haussegen.

☐ Ich lasse mein Leben von Platzhirschen gestalten, schließ-lich sind sie älter, weiser und klüger als ich.

☐ Ich habe mich für meine Art zu leben gerechtfertigt, bin aber leider nicht gehört worden.

- [ ] Ich habe auf vielfältigste Weise zu beweisen versucht, dass meine Lebensplanung genau zu mir passt und die richtige für mich ist – erfolglos.
- [ ] Lebensplanung? Welche Lebensplanung? Ich hatte noch nie einen eigenen Plan und folge begeistert den Starken in meiner Familie.
- [ ] Ich habe auf Durchzug gestellt, weil ich frische Luft liebe.
- [ ] Ich habe gelächelt, „f... o..!" gedacht und mein eigenes Ding gemacht.

_____

_____

_____

_____

Wie fühlen Sie sich jetzt?

- [ ] Schlecht, weil_____
- [ ] Gut, weil_____
- [ ] Fantastisch, weil_____
- [ ] Ich fliege, weil _____

Ich denke, dass Sie als Nestbeschmutzer & Self Love Rebel dominantes Verhalten ab sofort unbeeindruckt lässt.

DAS MASS ALLER DINGE

Wie lang ist das Maßband, mit dem Ihre Familie Sie misst?
_____

Und wie lang ist das Maßband, mit dem Ihre Geschwister oder
andere Familienmitglieder gemessen werden? _____

Entschuldigen Sie, ich wollte Sie nicht verletzen! Lassen Sie
mich raten: Das Maßband, mit dem Sie gemessen werden, ist
kürzer als das Ihrer Geschwister/oder anderer Familienmitglieder. Das Ende der Fahnenstange ist bei Ihnen schnell erreicht.
Während sich Ihre Geschwister/Familienmitglieder auf der
Tollwiese rumlümmeln und sich alles erlauben, werden Sie
beim kleinsten Fehltritt zur Räson gerufen.

Beispiel
Das Leben ist ungerecht. Zu diesem Schluss sind Sie gerade
einmal wieder nach dem letzten Telefonat mit Ihrer Schwester
gekommen. Ihre Schwester hat nämlich gerade beschlossen, das
nächste Familientreffen sausen zu lassen und hat dies gerade
Ihren Eltern verkündet, als sei es das Selbstverständlichste auf
der Welt. Sie wolle stattdessen lieber an die Nordsee fahren,
um sich von ihrer stressigen 3,5-Stunden-Woche zu erholen.
Ihre Eltern haben dafür natürlich Verständnis. Schließlich
geht es um das Wohlergehen Ihrer Schwester. Sie hingegen
wurden bereits eingeteilt, sich um das Essen zu kümmern.
Absage ausgeschlossen.

Machen wir es kurz: Finde den Fehler!

_____

_____

Haben Sie ähnliche Erfahrungen gemacht?

_____

_____

Warum, denken Sie, ist das Maßband, mit dem Sie gemessen werden, kürzer als das Ihrer Geschwister/oder anderer Familienmitglieder?

_____

_____

Ich denke, das kann 1001 Gründe haben, aber vielleicht könnte ein klitzekleiner dieser vielen Gründe hier liegen: Welches Auftreten haben Ihre Geschwister gegenüber Ihren Eltern und Verwandten? Wie geben sie sich so?

_____

_____

Aha, ganz heiß. Jetzt haben Sie das große bunte Überraschungsei schon fast gefunden. Wie präsentieren Sie sich im Gegensatz zu Ihren Geschwistern gegenüber Ihrer Familie?

_____

_____

→ Kann es sein, dass Ihre Geschwister im Gegensatz zu Ihnen völlig angstfrei und losgelöst mit der Familie umgehen? Und die Familie weiß, dass es zwecklos ist, ihnen zu widersprechen? Deshalb versuchen sie es gar nicht erst.

Bei Ihnen hingegen klappte die „Schlechtes-Gewissen-machen"-Nummer bis heute ganz wunderbar. Haben Sie sich unter Umständen bereits so sehr an den Zwergkaninchenstatus gewöhnt, dass Sie häufiger als Ihnen gut tut verschämt an Ihrer Möhre knabbern?

→→ Ich schlage vor, dass Sie – statt zu knabbern – jetzt einmal richtig zubeißen! Und zwar in Richtung Ihrer Familie, wenn diese beim nächsten Mal zu einem zu kleinen Maßband greifen will. E basta!

IHRE FLUCHTWEGE

Fluchtwege dienen dazu, sich in prekären Situationen etwas Zeit zu verschaffen und einer akuten Gefahrensituation elegant zu entkommen. Weil Sie gerade so gut in Schwung sind und sich dazu entschieden haben, mit Höchstgeschwindigkeit durch dieses Buch zu fahren, wenden wir uns nun den Fluchtwegen zu. Diese sollten Sie kennen, spätestens seit Ihre Familie herausgefunden hat, dass Sie sich dieses Buch gekauft haben!

Sie erinnern sich sicher an eine Situation, in der eine Ihrer Nestbeschmutzungen aufgeflogen ist ... die Stunde der Wahrheit ... die absolute Offenbarung! Sie sind Ihrer Intuition gefolgt, haben die dunklen Wolken der drohenden Konsequenzen und alle Worst-Case-Szenarien dieser Welt einfach beiseitegeschoben und sich nestbeschmutzermäßig und selfloverebellike für sich und Ihre Wünsche entschieden. Damit Sie dennoch nicht wieder in die Falle tappen und das schlechte Gewissen und die Schuldgefühle ein für alle Mal in die Familiengruft verbannen, sollten wir uns an dieser Stelle über mögliche Fluchtwege unterhalten.

Beispiel

Ihre Tante erwischt Sie auf dem Supermarktparkplatz mit einer Weihnachtsgans im Einkaufswagen. Da Ihre Tante über eine überdurchschnittlich hohe Intelligenz verfügt, zählt sie im

Nullkommanichts 1 + 1 zusammen. Leugnen hat nun keinen Sinn mehr, und so erfährt Ihre Tante von Ihnen, dass Sie Weihnachten sehr egoistische, dem Familiengesetzbuch widersprechende eigene Pläne zu verfolgen gedenken. Sie beichten ihr, dass Sie nach 15 Beziehungsjahren mit Ihrem Partner und einer Weihnachtsgans allein zu Hause feiern möchten. Ihre Tante, die übrigens jedes Weihnachten zum Skifahren fährt, ringt mit der Fassung und feixt Sie irre grinsend an. Sie tauschen noch einige Höflichkeitsfloskeln miteinander aus und verabschieden sich schließlich voneinander. Scheinbar lässig schlendern Sie samt Weihnachtsgans zu Ihrem Auto. Ihre Tante soll nicht sehen, was Sie vorhaben.

Sie wissen, dass es keine 10 Minuten dauern wird, bis die Weihnachtsnachricht Ihre Eltern erreichen wird. Sie steigen ins Auto und geben ...Vollgas. Bis zu Ihrem Haus sind es mit dem Auto nur wenige Minuten. Mit letzter Kraft wuchten Sie sich samt Weihnachtsgans Berta die 5 Stockwerke Ihres Altbaus nach oben und sprinten zu Ihrem Anrufbeantworter. Sie ziehen den Stecker! Geschafft! Hier werden Sie heute keine Nachrichten mehr erreichen. Dann stürzen Sie sich die 5 Etagen wieder nach unten und wechseln das Namensschild an der Türklingel aus. Offiziell wohnt in Ihrer Wohnung nun ein Unbekannter. Sie sind jetzt vom Erdboden verschluckt, der Sie erst nach Weihnachten wieder freigeben wird. Bis dahin haben Sie in aller Ruhe Zeit, sich zu überlegen, wie es weitergeht. All is well!

Ist ein solches Flucht-Szenario als letzter Ausweg vor einer drohenden Konsequenz schon einmal bei Ihnen vorgekommen?

→ In welchen Situationen, glauben Sie, werden Sie in Zukunft Fluchtwege benötigen? Und wie sehen Ihre Fluchtpläne konkret aus?

Situation | *Mein Fluchtplan*

_____

_____

_____

_____

Jetzt bin ich beruhigt!

→→ Sie kennen nun für absolute Notfälle sichere Fluchtwege und können nach den nächsten Nestbeschmutzungen Ihrer Familie im Notfall jederzeit entkommen.

Das soll natürlich nicht zur Gewohnheit werden und ein Vermeidungsverhalten sollten Sie sich unter keinen Umständen angewöhnen. Sie genießen im Moment jedoch noch Welpenschutz.

BESTRAFUNGSVERSUCHE

Der Gedanke an Flucht und Welpenschutz hat Sie jetzt ganz sicher ausreichend relaxed, um uns nun ein wenig mit dem Bestrafungssystem Ihrer Familie zu beschäftigen.

LIEBESENTZUG

Die Spitze des Bestrafungseisberges wird vielerorts von Liebesentzug gekrönt.

Was fällt Ihnen zum Thema Liebesentzug ein?

_____

_____

_____

_____

Sind Sie schon einmal in den Genuss von Liebesentzug gekommen?

_____

Wenn ja, wie hat sich das angefühlt und welche Situation ist dem Liebesentzug vorausgegangen?

Oder ist Ihnen Liebesentzug noch nie begegnet und niemand hat bisher in Ihrer Familie versucht, ein Exempel an Ihnen zu statuieren? Das kann natürlich so sein und es würde mich für Sie freuen!

Es besteht vielleicht aber auch die Möglichkeit, dass Sie den Liebesentzug als solchen gar nicht erkannt haben. Denn dem Liebesentzug geht nicht selten eine Täter-Opfer-Verkehrung voraus. Und diese zu durchschauen, ist eine wahre Kunst. Das heißt, dass Sie vielleicht sogar gedacht haben, Sie hätten den Liebesentzug verdient, weil Sie (Täter) den Liebesentzügler (Opfer) schließlich in die missliche Lage gebracht haben, zu diesem Mittel greifen zu müssen.

Beispiel
Sie haben Ihre Familie wieder einmal enttäuscht. Ihr Onkel ruft Sie an, um Sie zu fragen, warum Sie sich so lange nicht bei Ihren Eltern gemeldet haben. Diese würden stündlich mit einem Telefonanruf von Ihnen rechnen und seien enttäuscht, nicht über Ihr Leben auf dem Laufenden gehalten zu werden. Sie sind sich zunächst keiner Schuld bewusst, denn Sie haben mit Ihren Eltern vor 3 Tagen telefoniert. Erst als Ihr Onkel Sie darüber informiert, dass Ihre Mutter gerade weinend bei ihm angerufen habe, weil Sie sich nicht melden, packt Ihr schlechtes Gewissen Sie fest im Nacken. Sie beenden das Gespräch und greifen reumütig zum Hörer. Ihre Mutter hebt ab, bevor es bei Ihnen im Hörer überhaupt getutet hat und begrüßt Sie so unterkühlt, dass Ihnen das Blut in den Adern gefriert.

→ Sofort beginnen Sie sich dafür zu entschuldigen, dass Sie sich erst jetzt melden, und berichten Ihrer Mutter minutiös, was die letzten 72 Stunden in Ihrem Leben geschehen ist. Sie hoffen, dass Sie Ihre Mutter damit milde stimmen und die unterkühlte Atmosphäre sich langsam aufwärmt.

Das geschieht natürlich nicht. Ihre Mutter weigert sich standhaft, Ihre Glückshormone in freudiges Schwingen zu versetzen, und lässt Sie knallhart auflaufen. Als sich Ihre Ausführungen dem Ende neigen, sitzen Sie noch immer im Kühlhaus. An Flucht zu denken, erscheint Ihnen aussichtslos. Sie fragen Ihre Mutter nun nach ihrem Befinden. Ihre Mutter gibt Ihnen zu verstehen, dass sie erstaunt darüber ist, dass Sie das überhaupt interessiert, denn schließlich haben Sie sich seit 3 Tagen nicht mit ihr in Verbindung gesetzt.

Mittlerweile hoppelt das Zwergkaninchen wieder an Ihnen vorbei und erinnert Sie schonungslos an den Status, in dem Sie sich gerade befinden. Schließlich haben Sie den wichtigen Paragrafen 9 des Familiengesetzbuches gebrochen.

Und dann geschieht endlich, worauf Ihre Mutter im Verlauf des Gespräches präzise hingearbeitet hat. **Sie fühlen sich schuldig.**

Ihre Mutter hat es geschafft! Der Liebesentzug hat sein Ziel fast erreicht. Eine Kleinigkeit fehlt jedoch noch. Bevor Sie das Telefonat beenden, versprechen Sie Ihrer Mutter, dass Ihnen eine solche Unachtsamkeit nie wieder unterlaufen wird und Sie sich ab sofort wieder täglich telefonisch bei Ihr melden werden. Ihre Mutter (vermeintliches Opfer, eigentlicher Täter) ist am Ziel. Sie hat Sie wieder ganz unter Kontrolle.

→→ **Wirklich wahr?** Werden Sie es sich beim nächsten Mal gut überlegen, ob Sie den täglichen Anrufrhythmus noch einmal zu unterbrechen wagen? Natürlich ist nichts schlimmer, als wenn sich Ihre Mutter Ihnen gegenüber wie ein eisgekühlter Gefrierschrank verhält. Vernachlässigen Sie aber nicht die Idee, dass Ihre Mutter, wenn Sie mit Ihnen sprechen möchte, genauso gut bei Ihnen anrufen könnte! Auch wenn das Familienprotokoll seit jeher bestimmt hat, dass Kinder sich stets bei ihren Eltern zu melden haben und nicht umgekehrt.

ERWEITERTER LIEBESENTZUG

Machen wir es kurz: Der erweiterte Liebesentzug bedeutet, dass Sie nach diesem Fauxpas nun auch noch von anderen Familienmitgliedern darauf aufmerksam gemacht werden, dass ein solch unrühmliches Telefonverhalten Ihren Eltern gegenüber gar nicht geht. Diese sprechen zu Ihnen mit eisiger Stimme und kündigen an, Sie erst zum nächsten Familientreffen sehen zu wollen.

→ Das Familiengericht hat gesprochen und wie so häufig sein Urteil über Sie gefällt. Von dieser Masse einstimmig sprechender Ankläger fühlen Sie sich verständlicherweise überrollt.

→→ Ich empfehle, der Gerichtsverhandlung in Zukunft schlicht fernzubleiben und dem Mob entspannt lächelnd beim Monologisieren zuzuschauen.

ERNENNUNG ZUM SÜNDENBOCK

Dieser Telefonfehltritt bringt Ihnen auch noch ein, dass Sie offiziell (mal wieder) auf unbestimmte Zeit zum familiären

Sündenbock ernannt werden. Denn Strafe muss schließlich sein. Sündenbockernennungen sind eine hervorragende Prophylaxe gegen Nestbeschmutzungen.

→ Jetzt sind Sie so eingeschüchtert, dass Sie erst recht keine Lust mehr haben, darüber mit Ihren Freunden zu sprechen, denn Sie fühlen sich noch immer schuldig und Ihre Eltern tun Ihnen leid. Sie haben sie unglücklich gemacht. Asche auf Ihr Haupt. Sie befürchten, dass Ihre Freunde Ihnen dasselbe sagen und Sie mit Vorwürfen überhäufen werden. Das wäre für Sie nur schwer zu verkraften.

Was ist Ihren Eltern also ein weiteres Mal gelungen? Genau! Sie wurden am Nestbeschmutzen gehindert. Strike! Fühlen Sie die eiskalte Faust, die Ihr Herz nun umschließt und ganz fest zusammendrückt?

→→ Fällt Ihnen jetzt ein, wie sich der Liebesentzug in Ihrer Familie Ihnen gegenüber bisher getarnt hat?

_____

_____

_____

_____

Wie werden Sie damit zukünftig umgehen?

_____

_____

_____

_____

VERSTECKTE BEZIEHUNGSBOTSCHAFTEN

Um die Sprache Ihrer Familie besser verstehen zu können, wäre es natürlich optimal, wenn Ihre Familie zu jedem Zeitpunkt mit Ihnen Klartext sprechen würde. Aber weil dies oft nur Wunschdenken bleibt, begeben Sie sich jetzt mit mir auf eine Reise ins Land der versteckten Beziehungsbotschaften Ihrer Familie.

Versteckte Beziehungsbotschaften: Was sagt Ihnen das?

_____

_____

Das war schon ein guter Anfang. Ich erzähle Ihnen nun mehr: Versteckte Beziehungsbotschaften sollen Ihnen auf eine subtile Weise vermitteln, was jemand von Ihnen hält. Versteckt sind diese Botschaften, weil Ihnen nicht sofort bewusst werden soll, was der andere von Ihnen denkt. Warum das so ist, werden Sie jetzt fragen. Das kann ich Ihnen verraten: Ziel ist es, dass Sie manipuliert werden. Damit Sie das tun, was Ihrem Gegenüber nützlich erscheint. Das Perfide an diesem Spiel ist, dass es sehr schwer zu durchschauen ist.

Beispiel
Wenn ich Ihnen nun sage, dass Sie ein Mensch sind, der in vielen Lebensbereichen absolut talentfrei ist und mich das zutiefst langweilt, dann werden Sie sich vermutlich gut überlegen, ob Sie sich noch einmal ein Buch von mir kaufen oder Sie mich als Coach buchen. Was ich zu Ihnen gesagt habe, ist bei Ihnen klar angekommen, weil ich es Ihnen direkt ins Gesicht gesagt habe.

Konsequenz:
Sie setzen mir hoffentlich Grenzen. Aus zwei Gründen dürfte Ihnen das leicht fallen:

1. Ich bin Ihnen egal und ob Sie mich je wiedersehen (wiederlesen) oder nicht, spielt für Sie keine Rolle.

2. Meine Aussage ist klar und für Sie sofort greifbar gewesen, deshalb können Sie nun auch deutlich darauf antworten und reagieren.

Jetzt stellen Sie sich vor, ein Ihnen nahestehendes Familienmitglied ist nicht einverstanden damit, dass Sie sich anders verhalten, als es von Ihnen erwartet wird. Was tut nun dieses Familienmitglied, damit Sie Ihre Entscheidung überdenken? Ja, genau! Es adressiert eine versteckte Beziehungsbotschaft an Sie, damit Sie tun, was er/sie sich von Ihnen erhofft. Damit Sie keinen Widerstand leisten, geschieht dies subtil.

Die Botschaft darf deshalb nicht offensichtlich sein, weil niemand in Ihrer Familie riskieren will, durchschaut zu werden, um am Ende von Ihnen entdeckt/konfrontiert zu werden. Ihr Gegenüber möchte sehr gerne weiter mit Ihnen Marionette spielen, denn es macht Spaß, andere heimlich zu steuern. Das verleiht auch dem größten Verlierer ein angenehmes und stärkendes Machtgefühl. Sozusagen ein SuperEgo. Und darum geht es hier ja schließlich.

Die versteckte Beziehungsbotschaft kann wie folgt aussehen: Stellen wir uns vor, Sie sind bei Ihrer Familie in Ungnade gefallen, weil Sie nur noch in Begleitung Ihres neuen Partners Ihre Eltern besuchen. Bei einem weiteren gemeinsamen Besuch lässt Ihre Mutter nebenbei lächelnd verlauten, wie sehr es ihre beste Freundin Clothilde anstrengt, dass ihr Sohn sie immer mit der ganzen Familie besucht. Ihre Mutter verkündet, sie könne Clothilde gut verstehen, denn schließlich sei man ja in einer Partnerschaft nicht symbiotisch. Nur sehr schwache Menschen wären symbiotisch und schwache Menschen würde sie aus ganzem Herzen ablehnen!

→ Sie hören, dass es hier um die Familie der besten Freundin Ihrer Mutter geht und gar nicht um Sie. Fühlen sich also nicht direkt angesprochen. Irgendwie nehmen Sie aber einige Stunden nach dem Treffen wahr, dass Sie bei dem Gedanken an den heutigen Besuch bei Ihrer Mutter sehr angespannt sind und Ihr Nacken bereits zu schmerzen beginnt oder sich Ihre Glücksgefühle bereits lange vor Ihnen schlafen gelegt haben. Und jetzt passiert es: Bei der nächsten Verabredung im elterlichen Hause verspüren Sie plötzlich das Bedürfnis, allein hinzugehen. Wissen aber gar nicht recht warum.

Wie lautete die versteckte Beziehungsbotschaft der Mutter?

Genau! Sie lautet: Sie sind schwach, weil Sie immer gemeinsam mit Ihrem Partner zu Besuch kommen, und weil Sie schwach sind, lehnt Ihre Mutter Sie aus tiefstem Herzen ab! Was für ein Paukenschlag. Die Geschichte geht noch weiter. Natürlich wünschen Sie sich, wie fast jedes (erwachsene) Kind, von Ihrer Mutter geliebt zu werden. Deshalb gehen Sie zum nächsten Treffen allein, ohne Ihren Partner.

Möglicherweise laufen diese Mechanismen unterbewusst bei Ihnen ab. Das hängt von unterschiedlichen Faktoren ab. Sicher ist aber, dass diese versteckte Beziehungsbotschaft nicht folgenlos bleibt. Es ist eine Non-win-Situation für Sie entstanden. Sie gehen entweder ohne Ihren Partner, was Sie eigentlich nicht möchten, oder Sie bringen Ihren Partner mit – und Ihre Mutter lehnt Sie aufgrund Ihrer symbiotischen Beziehung ab. Das heißt, es gewinnt hier im Moment nur Ihre Mutter. Denn Ihre Mutter will Sie unbedingt allein sehen. Warum auch immer. Die Gründe hierfür können unterschiedlich sein.

Vielleicht werden Sie sich für einen Moment von Ihrer Mutter geliebt fühlen, wenn sie Sie (allein kommend) beim nächsten Treffen mit offenen Armen begeistert an der Tür empfängt. Doch in Ihrem Unterbewusstsein spricht eine leise Stimme zu Ihnen, die sagt, dass hier etwas nicht mit rechten Dingen zugeht. Vermutlich werden Sie sich künftig trotz der von Ihnen wahrgenommenen leisen Stimme noch mehr anstrengen. Denn Sie wünschen sich so sehr, dass Ihre Mutter sich auch weiterhin auf und über Ihren Besuch freut!

Wer ist in Ihrer Familie ein Kandidat für kleine, feine, versteckte Beziehungsbotschaften an Sie?

_____

Erinnern Sie sich an eine ähnliche Situation, die Ihnen in Ihrer Familie widerfahren ist?

_____

_____

Welche verschiedenen versteckten Beziehungsbotschaften haben Sie bereits kennengelernt?

_____

_____

_____

Was, denken Sie, soll bei Ihnen mit versteckten Beziehungsbotschaften erreicht werden?

_____

_____

_____

_____

**Wie schnell merken Sie, wenn diese kleinen, feinen Pfeile
nach Ihnen geworfen werden, um Sie zu demoralisieren?**

☐ Ist mir noch nie aufgefallen.
☐ Ich hab es immer schon geahnt.
☐ Ich habe es manches Mal erkannt, aber erst, wenn es schon
zu spät war.
☐ Ist ein alter Hut für mich.
☐ Jetzt fällt es mir wie Schuppen von den Augen. Woran haben
Sie es gemerkt?
☐ Kopfschmerzen
☐ Magenschmerzen
☐ Mich überfällt ein seltsames Vogel-Strauß-Gefühl ...
☐ Da ist es wieder, das Zwergkaninchen ...
☐ Sonstiges

_____

Warum, glauben Sie, treffen Sie diese Botschaften so sehr?
Kann es sein, dass Sie sich mit dem Gesagten identifizieren?

→→ Was würde geschehen, wenn Sie sich damit schlicht nicht
mehr identifizieren und nicht mehr in Resonanz gehen wür-

den? Nur wenn Sie in Resonanz gehen, finden diese Botschaften Ihr Ziel! Ansonsten verschwinden diese einfach im Nimmerwiedersehen-Land. Adieu!

Wie gehen Sie nun mit diesen versteckten Beziehungsbotschaften um?

☐ Ich ignoriere diese Botschaften und hoffe, dass das irgendwann aufhört.
☐ Ich überlache es, denn Humor ist so wichtig in meiner Familie, da er fast nicht vorhanden ist.
☐ Ich lasse mich durch die Beziehungsbotschaft lenken wie eine Marionette, mit diesen habe ich schon gerne in der Krabbelgruppe gespielt.
☐ Ich denke „f... o.." und strahle dies so deutlich nach außen aus, dass diese Botschaften im Sande verlaufen. **Schön wär's!**

Wenn Sie in Zukunft merken, dass Ihnen versteckte Beziehungsbotschaften vermittelt werden, könnten Sie diese offen benennen und daraus eine Frage formulieren, was halten Sie davon?

Es ist an der Zeit für eine Konfrontationsübung – nestbeschmutzerlike:
„Liebes Familienmitglied XY. Ich höre gerade heraus, dass du mich – genau wie deine Freundin ihren Sohn – lieber allein sehen würdest. Würdest du mir bitte kurz und sachlich erklären, welchen Hintergrund das hat und welches Ziel du damit verfolgst? Das würde ich gerne hier und jetzt besprechen."
Donnerschlag! Das hat gesessen!

Bitte formulieren Sie nun Ihre eigene Aussage:

_____

_____

_____

_____

_____

Fühlen Sie jetzt, wie sicher Sie mit Ihren Füßen auf der Erde stehen, und wie es ist, sich als Self Love Rebel klar und sachlich zu positionieren?! Mehr davon!

STATUSSENKEN

Noch haben Sie die gesamte Bandbreite der Manipulationsspiele Ihrer Familie nicht endgültig entschlüsselt. Wir wenden uns nun einem weiteren spannenden Thema zu. Es geht um Ihre Größe.
Wie groß sind Sie?_____ cm.
Gut, und wie groß sind Sie, wenn Sie mit Familienmitgliedern Kontakt hatten, die in Ihnen das Glückshormonwachstum zum Erliegen bringen? Was ich damit meine? Das verrate ich Ihnen: Stellen Sie sich vor, Sie besuchen Ihre Eltern und erzählen, wie gut es beruflich läuft, dass Sie immer mehr Geld verdienen und endlich unabhängig sind. Ihr Vater schaut Sie an und sagt Ihnen, dass dies ja auch lang genug gedauert habe. Bei allen anderen seiner Kinder sei es viel schneller gegangen! Eine Vollbremsung für Ihre Glückshormone!

Wem aus Ihrem Familienclan sind Sie im Status eines Zwergkaninchens am liebsten?

_____

Wer befürchtet, dass Sie ihm/ihr mindestens auf Augenhöhe
begegnen, und versucht Sie infolgedessen, auf Erbsengröße
schrumpfen zu lassen?

_____

_____

Wer in Ihrer familiären Umgebung verfügt über das größte
Potenzial, Sie von Ihrer tatsächlichen Größe auf das Format
eines Pixi-Buches schrumpfen zu lassen?

_____

Schreiben Sie nun eine reale Situation auf, die Ihnen diesbezüglich innerhalb Ihrer Familie passiert ist:

_____

_____

_____

Wie haben Sie reagiert?

_____

_____

Wie groß haben Sie sich nach diesem Erlebnis gefühlt?_____ cm.

Welche Gefühle hat dies in Ihnen ausgelöst?

_____

_____

Wie lange brauchen Sie im Durchschnitt, um wieder zu Ihrer tatsächlichen Größe zurückzukehren?

_____

Wie oft kommen diese Situationen in Ihrem familiären Alltag vor?

_____

Damit Sie sich in Zukunft (und diese Zukunft beginnt in einer Sekunde) jederzeit in Ihrer realen Körpergröße wiederfinden, sehen wir uns dieses Prinzip des Statussenkens noch einmal genauer an.

→ Warum senken Menschen andere Menschen im Status? Versuchen, Sie in den Erdboden zu schrauben? Sie wollen sich dadurch stärker und mächtiger fühlen. Sie drohen verbal & nonverbal **mit Liebesentzug** und wollen damit erreichen, dass Sie ihnen noch bedingungsloser folgen und sich noch mehr anstrengen, um geliebt zu werden. Ich verrate Ihnen etwas: Liebe hängt niemals mit Anstrengung zusammen. Liebe ist unvoreingenommen und findet zu Ihnen, ohne jemals an Bedingungen geknüpft zu sein. Alles andere ist falsch verstandene Liebe und dient vielmehr dazu, Menschen in eine Abhängigkeit zu drängen oder sie zu manipulieren.

Gehen Sie alle für Sie relevanten Familienmitglieder der Reihe nach durch. Überprüfen Sie, wer von Ihnen schon mindestens einmal versucht hat, Sie im Status zu senken und an Ihrer Körpergröße zu sägen? Denken Sie genau nach! Es können auch die kleinen, feinen Pfeile sein, die nach Ihnen geworfen wurden.

Antworten Sie bitte jetzt:

_____

_____

_____

_____

Sie haben jetzt alle Statussenker erfasst, aber Sie haben sie noch nicht dingfest gemacht. Das holen wir nun nach. Was könnten Sie tun, um

1. die Pfeile, die nach Ihnen geworfen werden, an sich abprallen zu lassen oder
2. die Pfeilwerfer dazu zu bringen, die Pfeile erst gar nicht zu werfen?

→→ **Vorschlag:** Sie könnten Sie an einen Marterpfahl binden und ihnen eine grüne Pudelmütze (grün wie die Hoffnung) bis über die Augen ziehen. Aus ist's mit dem Pfeilwerfen! Da ich Sie aber zu gewaltfreiem Handeln ermutigen möchte, versuchen Sie etwas anderes.

Ich werde ab heute Folgendes _____
_____ tun, um zu jedem Zeitpunkt in meiner vollen Körpergröße von ____ cm zu bleiben. Pixi-Bücher werde ich ab sofort nur noch verschenken und nie, nie wieder zu einem schrumpfen.

Wie fühlt sich das an?

☐ Gut
☐ Sehr gut
☐ Großartig
☐ Ich bin sprachlos vor Glück.

So, jetzt sind Sie warmgelaufen ... und können mit Volldampf weiter durch dieses Buch fahren. Geben Sie GAS! Wie schnell sind Sie? _____ km/h! Wow!

ZUCKERBROT & PEITSCHE

Ihre Familie hat noch weitere zweifelhafte Methoden auf Lager, um Sie an sich zu binden, damit Sie auch ja nicht auf Abwege geraten oder – noch schlimmer – auf die verwegene Idee kommen, Ihre Familie zu verraten. Diesmal ist es ein perfides Bindungsspiel, das ich Ihnen vorstellen möchte. Und wie geht dieses Bindungsspiel? Genau! Abwechselnd sind Ihre Lieben freundlich und furchtbar böse zu Ihnen. Je böser sie werden, desto mehr sehnen Sie sich natürlich danach, dass sie es nicht mehr sein mögen.

➜ Und was tun Sie infolgedessen? Genau! Sie strengen sich sehr an, sich nun ganz besonders liebenswert zu verhalten. Denn Sie wollen ja nicht, dass Ihre Familie Sie wieder schlecht behandelt. Sie lesen das von Ihnen erwartete Verhalten gierig von den Lippen ab und werden zum perfekten Lippenlese-experten.

Ihre Familie spielt dieses Bindungsspiel dennoch weiter. Vielleicht etwas subtiler, aber dennoch stringent. Immer wieder bekommen Sie ein schlechtes Feedback, was dazu führt, dass Sie weiter die Fehler bei sich suchen und sich nun ganz im familiären Sinne anpassen. Sie denken Tag und Nacht darüber nach, was alles an Ihnen falsch ist und sind mit dieser Fehleranalyse ständig beschäftigt. Sie sind fest darin bestrebt, der Familienklon zu werden. Vor lauter Anstrengung fehlt Ihnen nun die Energie für eine objektive Reflexion der Gesamtsituation.

→→ **Achtung!** Besonders nett ist Ihre Familie immer dann zu Ihnen, wenn Sie sich ganz viel Mühe gegeben haben, in ihrem Sinne zu funktionieren. Dann werden Sie mit Lob und Freundlichkeit überhäuft und Sie genießen das natürlich sehr. Nichts ist schöner, als sich von seiner Familie geliebt zu fühlen. Herzlich willkommen im ZUPEI-Land (Zuckerbrot-und-Peitschen-Land).

Erzählen Sie mir doch etwas zu Ihren Zuckerbrot-und-Peitschen-Erfahrungen:

Na, das ist doch die Höhe! Wie fühlt sich das für Sie rückblickend an?

Damit ist jetzt Schluss! Steigen Sie lieber auf Schokobrote um – und zwar grundsätzlich.

FREIFAHRTSCHEINE

Wie wir inzwischen eindeutig feststellen konnten, düsen nicht nur Sie mit Höchstgeschwindigkeit durch dieses Buch, sondern auch Ihre Familie war Zeit ihres Lebens mächtig in Fahrt. Und zwar in Freifahrt. Ihre Familie glaubt tatsächlich, sich im Laufe der Zeit Freifahrtscheine erworben zu haben. Wofür? Na dafür, dass sie in der ein oder anderen Situation freundlich zu Ihnen war, Sie in verschiedenen Dingen unterstützt hat: vielleicht in der Grundschule regelmäßig bei den Hausaufgaben geholfen hat, Ihnen zu einer bestandenen Prüfung eine tolle Reise geschenkt hat und sich vielleicht auch finanziell an Ihrem ersten Auto beteiligt hat. Hurra! Ein Heiligenschein für Ihre Familie! Das war ein Scherz, ein schlechter, gebe ich zu.

Nun, mit den Freifahrtscheinen hat es Folgendes auf sich: Ihre Familie hat im Keller Ihres Hauses einen großen Drucker stehen. Daneben liegt ein schwarzes Buch. Ist Ihnen das noch nie aufgefallen?

→ In dieses Buch trägt Ihre Familie alles ein, was sie Ihnen bisher Gutes getan hat. Von A (wie Autozuschuss) bis Z (ziemlich dicke Tränen bei Liebeskummer getrocknet) ist dort alles verzeichnet. Und nach jeder fürsorglichen bis generösen Aktion, die Sie durch Ihre Familie erfahren haben, druckt der Drucker für die lieben Nestbewohner einen Freifahrtschein aus. Und was steht auf diesen Freifahrtscheinen drauf? Genau! Sie haben es erraten!

Freifahrtschein 1 = *für 1 x heftiges Manipulieren, um schneller ans Ziel zu kommen*
Freifahrtschein 2 = *für 1 x Bloßstellen vor dem Familienmob*

Freifahrtschein 3 = *für 1 x emotionale Erpressung mit An-
drohung von Liebesentzug*
und so weiter ...

Diese Freifahrtscheine werden nach dem Gebrauch in der familiären Asservatenkammer aufbewahrt, zu der alle einen Schlüssel haben. Alle außer Ihnen. Dumm gelaufen, was denken Sie?

Kennen Sie den großen Drucker und das schwarze Buch
im Keller Ihrer Familie? Dann werfen Sie doch einmal einen
Blick hinein. Was steht drin? Unterstützung, Fürsorge aller
Art, eine Reise, ein Auto, ein Haustier, ein Konzertbesuch,
Hausaufgabenhilfe?

———————————————————————————————

———————————————————————————————

So, und nun schleichen Sie sich bitte in die Asservatenkammer.
Keine Angst, ich bin direkt hinter Ihnen. Denn den Blick auf
die Freifahrtscheine aus Ihrer Vergangenheit möchte ich mir
nicht entgehen lassen.

In der Asservatenkammer: Leuchten Sie mal mit Ihrer Ta-
schenlampe auf das Regal rechts neben Ihnen. Dort steht ein
dicker Ordner, auf dem Ihr Name steht. Nehmen Sie ihn bitte
vom Regal und schlagen Sie ihn auf. Welche Freifahrtscheine
finden Sie darin? Schreiben Sie bitte alle gefundenen Freifahrtscheine ab:

———————————————————————————————

———————————————————————————————

Jetzt bin ich sprachlos. Und Sie?

➜➜ Ich habe eine Idee: Wir werden Ihnen jetzt auch einen Drucker kaufen. Sie werden sich jetzt sofort auch einige Freifahrtscheine drucken, mit denen Sie dann ungehindert ganz wundervolle Dinge für sich selbst tun können:

1. 1 x Weihnachten ohne Ihre Familie feiern

2. 1 x _____

Dann beginnen Sie bitte jetzt, Ihre Freifahrtscheine zu drucken:

_____

_____

_____

WEGSCHAUEN & TAUBSTELLEN

Sie möchten immer wieder auf Ungerechtigkeiten innerhalb Ihrer Familie aufmerksam machen, wollen, dass Ihre Familie hinschaut und versteht. Es gibt ein Phänomen, das in vielen Familien zum Kultstatus avanciert. WEGSCHAUEN! Wegschauen ist hip, SICH-TAUBSTELLEN reiht sich gleich dahinter ein.

Haben Sie als Kind auch dieses Spiel gespielt: sich eine Decke überwerfen und sich vorstellen, dass Sie weg sind und keiner Sie sieht? Ihre Eltern und Geschwister haben dieses Spiel sicher mitgespielt. Im Prinzip ist das Spiel, das Ihre Familie mit Wegschauen und Taubstellen heute spielt, ein ähnliches. Nur ist sie für dieses Spiel eigentlich zu alt. Das ist das Tragische.

→ Ihre Familie hat sich quasi auch eine Decke übergeworfen und sieht und hört infolgedessen nichts. Und wehe dem, der diese Decke einmal lüftet. Das wird im Zweifelsfall zu nervösen Zusammenbrüchen führen. Wenn dieses Prinzip in Ihrer Familie gang und gäbe ist, hilft es selten, sich so oft zu wiederholen und Ihre Lieben immer wieder mit der Nase auf Ungerechtigkeiten innerhalb der Familie zu stoßen. Damit schwächen Sie allein sich. Es wird Sie eher weiterbringen, wenn Sie loslassen und sich die Kräfte sparen. Wenn jemand Sie partout nicht sehen will, dann werden Sie für seine Augen unsichtbar bleiben.

→→ Jeder sieht, was er sehen möchte, und daher sollte Ihr neues Lebensmotto eher lauten: Richten Sie den Fokus auf sich und hören Sie damit auf, anderen zu gefallen und zu hoffen, deshalb als der Mensch, der Sie sind, gesehen zu werden. Nestbeschmutzer & Self Love-Rebellen machen am ehesten auf sich aufmerksam, wenn sie bei sich bleiben und sich stark, selbstbewusst, unerschütterlich präsentieren. Und ich weiß, das können Sie!

IHR STRAFREGISTER

Jetzt möchte ich gemeinsam mit Ihnen Ihr familiäres Strafregister noch einmal näher betrachten. Sind Sie bereit?!

Womit haben Sie in den letzten Jahren erfolgreich das Familiennest beschmutzt und sind in familiäre Ungnade gefallen?

_____

_____

_____

_____

_____

_____

Oh Gott, wirklich?! Wie schlimm! Sie sollten sich schämen!

Das war ein Scherz! Erzählen Sie mir mehr!

_____

_____

_____

Hatte Ihre Familie zuvor zu Maßnahmen gegriffen, die Sie an der Nestbeschmutzung hindern sollten? Wenn ja, welche waren das?

_____

_____

_____

_____

Wie sahen die Sanktionen in Ihrer Familie aus? Welches Familienmitglied war daran beteiligt? Hatte er/sie Komplizen?

_____

_____

Wie haben Sie sich danach gefühlt?

_____

Welche Gedanken sind Ihnen durch den Kopf gegangen?

_____

_____

O.K., stimmen wir ab. Bitte alle die Hand heben, die die Sanktionen Ihrer Familie als eine absolute Frechheit empfinden. Ich sehe alle Hände in der Luft, genau da, wo sie hingehören! Glauben Sie Ihrer Familie bitte auch nicht, wenn sie eine akute Amnesie vortäuscht!

Teil 3

ENDLICH
SELF LOVE REBEL
SEIN

Gemeinsam haben wir jetzt die Untiefen der familiären Manipulationsstrategien durchkämmt und Lösungen erarbeitet. Wie fühlen Sie sich jetzt? Sind Sie Ihrem Ziel, ein Nestbeschmutzer zu sein und ein Self Love Rebel zu werden, jetzt deutlich einen Schritt näher gekommen? Lassen Sie uns gleich weitergehen. Für Pausen ist es noch zu früh.

Stellen Sie sich vor, dass Sie über sich selbst ausschließlich Wertschätzendes denken. Sie sind zufrieden mit allen Facetten Ihrer Persönlichkeit. Sie kennen Ihre Stärken und auch Ihre Schwächen. Sie lieben jeden Aspekt Ihrer komplexen Persönlichkeit. Respektieren und achten sich für genau den Menschen, der Sie sind und der Sie jeden Morgen im Spiegel anlächelt!

Nun stellen Sie sich vor, dass Ihnen jemand etwas über Sie sagt, das sich im ersten Moment verletzend anfühlt, weil Sie es persönlich nehmen. Auf den zweiten Blick stellen Sie jedoch fest, dass das Gesagte überhaupt nicht zu Ihnen und Ihrem wertschätzenden Selbstbild passt. Wie gehen Sie mit einem solchen Fall um?

Ich vermute, dass Sie selbstverständlich die Annahme verweigern und nicht in Resonanz gehen würden. Warum auch? Sie fühlen sich nicht angesprochen. Stellen Sie sich vor, Sie haben braune Haare und jemand sagt Ihnen, dass er blonde

Haare wirklich unschön findet. Ziehen Sie sich dann den Schuh an? Vermutlich nicht. Sie lassen diesen Schuh einfach stehen und warten, bis der Nikolaus ihn am 6. Dezember füllt.

Die jahrelangen Familienspiele haben Sie jedoch in eine andere Situation gebracht. Bei diesen Spielchen haben Sie unfreiwillig die Hauptrolle gespielt und fühlen sich deshalb noch nicht optimal positioniert, um die Annahme zu verweigern. Es reicht oft schon, wenn Ihre Lieben Sie mit besonderen Blicken bedenken, die Ihnen ganz tief unter die Haut gehen. Ganz abgesehen von dem, was verbal an Sie adressiert wird. Sie neigen dazu, sich den Schuh anzuziehen. Diese Spielchen und Verletzungen haben Sie verständlicherweise merklich verunsichert und Selbstbewusstsein und -vertrauen gekostet.

Doch damit ist jetzt Schluss! Schließlich haben Sie sich dazu entschieden, in Ihrem neuen Leben als Nestbeschmutzer & Self Love Rebel Ihre eigenen, selbst gewählten Ziele zu verfolgen, um einfach nur glücklich zu sein.

Ab heute tragen Sie nur noch die Schuhe, die Sie sich selbst aussuchen und die Ihnen passen. Bereit?

☐ Ja, ich kann es nicht erwarten.
☐ Später, denn ich befinde mich wieder auf Seite 1 und drehe gerade eine unfreiwillige Ehrenrunde.

Ich zähle darauf, dass Sie gerade Antwort 1 angekreuzt haben. Ich glaube fest an Sie!

Um sich nun endgültig optimal zu positionieren, um endlich Ihr Leben als Nestbeschmutzer & Self Love Rebel in vollen

Zügen leben und genießen zu können, sollten wir ein letztes Mal gemeinsam zurückschauen und uns von alten Gewohnheiten trennen. Das Rüstzeug dazu haben Sie jetzt! Los? Los!

WILL TO PLEASE – VERABSCHIEDEN SIE SICH VOM WUNSCH, ZU GEFALLEN

Wären Sie ein Retriever, könnte ich Ihr altes Ich verstehen! Retriever tun alles, einfach alles, um geliebt zu werden. Unermüdlich! Sie sind aber keiner – und deshalb schlage ich vor, dass Sie sich nun endgültig von Ihrem *Will to Please* – dem Wunsch, zu gefallen – verabschieden.

Seien Sie ehrlich: Dieser Wunsch schlummert in Ihnen! Wenn Sie niemandem gefallen wollen würden, müssten wir jetzt nicht an Ihrer Nestbeschmutzer-Karriere arbeiten und dieses Buch würde entspannt im Regal Ihrer Buchhandlung stehen. Sie möchten Ihrer Familie so gerne gefallen! Sie wünschen sich in manch ruhiger Minute, dass sich wieder alle um Ihr Gitterbettchen versammeln und Sie begeistert anlächeln mögen. Glücklich darüber, dass Sie süßer Wonneproppen auf der Welt sind.

Irgendwie ist es anders gekommen, als Sie dachten, und die Plätze um Ihr Bettchen sind überwiegend leer. Manchmal verirrt sich noch ein Familienmitglied zu Ihnen, aber nur, wenn Sie Ihrem *Will to Please* besonders intensiv und erfolgreich nachgeben. Doch selbst diese Besuche sind nur von kurzer Dauer. Wichtig ist dabei immer, dass Sie Ihren Besucher bei Laune halten. Und um nicht so oft allein in Ihrem Gitterbettchen zu liegen, geben Sie Ihr Bestes. So ist Ihr vermeintlicher Fanclub gewachsen und Sie waren froh – denn wer ist schon gerne allein?

Ich sage Ihnen etwas: Sie werden in der Zukunft nicht mehr allein in Ihrem Bettchen ausharren. Sie werden Besuch bekommen! Aber nur von Menschen, die bedingungslos an Ihrer Seite stehen bleiben! Sie müssen in Zukunft nur noch sich selbst gefallen! Einverstanden?

☐ Ja, ich sehe jetzt, dass ich kein Retriever bin. Meinen *Will to Please* schicke ich auf Reisen.

☐ Ich bin noch nicht sicher und wedele noch unentschieden mit dem Schwanz.

Falls Sie Letzteres angekreuzt haben, überlegen Sie sich bitte ganz genau, wie Sie mir das jetzt erklären?! Manchmal hilft übrigens ein kurzes Abtauchen in die kalte Nordsee, um den Kopf wieder frei zu bekommen. Sind Sie dabei?

Menschen, die Sie, wie Ihre Nestbewohner, gut kennen, können genau einschätzen, was bei Ihnen den *Will to Please*, der Sie so wunderbar leicht einschätzbar und händelbar macht, auslöst. Erinnern Sie sich? Dieses Knöpfe-Drücken, um Sie im Sinne Ihrer Lieben funktionieren zu lassen, haben wir schon beobachtet, als es um die familiäre Rollenlotterie ging.

Auf diesen Knöpfen steht genau beschrieben, womit Sie in Ihrem Leben nicht zufrieden sind und woran Sie in Ihrem tiefsten Innersten zweifeln. Zum Beispiel an Ihrem Selbstbewusstsein, Ihrem Auftreten, Ihrer Beliebtheit, Ihrer Fähigkeit, anderen Menschen zu vertrauen, und Ihren Begabungen. Hinter diesen Knöpfen nehmen Selbstzweifel oft viel Raum ein und verdrängen Platz, wo stattdessen eigentlich Ihre Selbstliebe wachsen und gedeihen sollte. Je nach Tagesverfassung leuchten Ihre Buttons unterschiedlich hell und in verschiedenen Farben. Haben Sie einen schlechten Tag erwischt, an dem Sie Ihren

Fokus ganz besonders auf Ihre vermeintlichen Schwächen richten, leuchten Ihre Buttons in knalligem Rot und blinken sogar noch rhythmisch im Takt dazu. Sie warten geradezu darauf, gedrückt zu werden. Und Sie machen es Ihren Lieben damit leicht, immer wieder Treffer zu landen. Was zur Folge hat, dass sich Ihr von Selbstzweifeln geprägtes Selbstbild noch verstärkt. Auweia!

Und es kommt noch dicker: Weil Sie aber natürlich trotz all Ihrer Makel von den Nestbewohnern geliebt werden möchten, haben Sie erkannt, dass das am besten funktioniert, indem Sie alles mit sich machen lassen: keine Widerworte finden und niemals aus der Rolle fallen, die Ihre Familie Ihnen zugedacht hat. Auf einem der Knöpfe steht vielleicht geschrieben: „Ich will alles tun, um perfekt zu sein und endlich dazuzugehören." Oder: „Ich bin immer noch nicht so erfolgreich wie …, darum will ich alles tun, um auch endlich anerkannt zu werden." Oder: „Ich mache sowieso alles falsch, weil ich es einfach nicht bringe, ich würde so gerne alles richtig machen, um mehr geliebt zu werden und ein ebenbürtiger Teil dieser Familie sein zu dürfen."

Kennen Sie diese Knöpfe oder Buttons? Erzählen Sie mir, was auf Ihren steht:

_____

_____

_____

_____

_____

Allen Buttons, die Sie gerade benannt haben, ist eines gemeinsam: Sie leuchten sogar in der Dunkelheit. Sie strahlen so hell, dass kein Familienmitglied sie verfehlen kann. Je stärker Ihre Sehnsucht ist, akzeptiert und geliebt zu werden, desto ausgeprägter ist Ihr *Will to Please*. Und je stärker der *Will to Please* in Erscheinung tritt, desto heller strahlen die Buttons – und Sie betteln um ein klein wenig Aufmerksamkeit, den Beweis erbringen zu dürfen, dass Sie doch zu etwas nütze sind, um endlich im Nest aufgenommen zu werden und dort warm im Schoß Ihrer Familie liegen zu dürfen.

Da Sie vom Familienmob nur sehr sparsam mit Liebe versorgt werden, ist Ihre Sehnsucht immens. Sie bekommen immer nur genau so viel, dass das Blinken der Buttons und der dahinterstehende Wunsch nicht erlischt, damit Sie gut händelbar sind und bleiben. Zur Belohnung gibt es wenig „Liebe" und „Anerkennung" und Sie sind darüber dankbar und froh. Je nach Tagesverfassung laufen Sie sogar zu Höchstformen auf. Ihr *Will to Please* ist jetzt getriggert. Dies ist ein sehr stabiler Kreislauf.

Auf wie viel Prozent laufen Sie im Durchschnitt zu Höchstformen auf?

_____ %

Oder sind Sie eher der introvertierte Typ und haben sich schon lange aufgegeben? Hat beispielsweise das letzte Statussenken ausgelöst, dass Sie einmal mehr nur noch verschämt an Ihrer Möhre knabbern? Wie viele Möhren knabbern Sie im Schnitt weg?

_____ Möhren nach Zwergkaninchenart

Vielleicht haben Sie sich schon öfter die Frage gestellt, warum Ihre Familie dieses makabre Spiel mit Ihren Buttons so gerne spielt und dabei so erfolgreich ist?

Kann es sein, dass es Ihnen im Laufe Ihres Lebens so wichtig geworden ist, alles zu tun, um von Ihrer Familie akzeptiert und geliebt werden, dass Sie dabei übersehen haben, dass Sie diese kleinen Belohnungen nur erhalten, wenn Sie sich so verhalten, wie es von Ihnen erwartet wird, und nicht so, wie Sie es eigentlich möchten? Haben Sie sich inzwischen so sehr mit den Vorstellungen, die Ihre Familie von Ihnen hat, identifiziert, dass Sie vergessen haben, wer Sie wirklich sind, und den Fokus nicht mehr darauf ausgerichtet haben, wer Sie sein möchten?

Vermutlich haben Sie Ihren Fokus schwerpunktmäßig darauf gelegt, Liebe, Aufmerksamkeit, Anerkennung und Verständnis von außen zu erhalten. Also ist Ihr Gefühl, geliebt zu werden, immer abhängig von der Portion Liebe, die Ihre Familie Ihnen zugedacht hat – und diese ist, wie wir beide leider wissen, eher spärlich. Sie sind inzwischen regelrecht konditioniert, dass sich in Ihnen ein Gefühl des Glücks und der Zufriedenheit einstellt, wenn Sie Ihren *Will to Please* ausleben dürfen, um dafür ein klein wenig Liebe zu erhalten. Das Fatale ist, dass Sie sich somit in eine Abhängigkeit begeben haben, die zu dem Freigeist, der in Ihnen schlummert, gar nicht passt. Ihr Freigeist wartet in den Katakomben Ihres Unterbewusstseins darauf, endlich das Tageslicht erblicken!

Kommen wir nun noch einmal zurück zu den Nestbewohnern. Wissen Sie intuitiv, wer welche Knöpfe regelmäßig bei Ihnen drückt?

Ist zum Beispiel Ihre Mutter besonders begabt darin, den Button zu drücken, der in Ihnen Selbstzweifel bezüglich Ihres Beziehungsstatus auslöst? Oder Ihr Vater, der Ihnen gerne die erfolgreiche Karriere Ihrer Geschwister unter die Nase reibt und den Knopf mit der Aufschrift „Alle allen sind erfolgreicher" drückt? Steigen Sie nun noch etwas tiefer ein in die abgründigen Talente Ihrer Lieben.

Schauen Sie sich noch einmal die Liste mit Ihren Buttons an und schreiben Sie nun dahinter, welches Familienmitglied welche Knöpfe gerne und in aller Regelmäßigkeit bei Ihnen drückt.

Ihnen ist sicher bewusst und Sie haben bereits verinnerlicht, dass Knöpfe-Drücken nun in Ihrem neuen Leben als Nestbeschmutzer & Self Love Rebel nichts mehr zu suchen hat. Stellen Sie sich vor, Sie hätten einen umfangreichen Impfschutz. Sie sind sozusagen immun gegen bestimmte Krankheitserreger. Wenn Sie die Krankheitserreger kennen, wissen Sie auch, welchen Impfschutz Sie benötigen. Sie können Ihre Familie nicht verändern, so sehr ich Ihnen dies wünsche! Sie können nur sich verändern, und hier liegt Ihr großes Potenzial!

Werden Sie immun gegen die kleinen fiesen Viren, mit denen Ihre Familie Sie chronisch zu infizieren versucht, um in Ihnen Selbstzweifel auszulösen, die Sie daran hindern, ein glückliches und autonomes Leben nach Ihren eigenen Vorstellungen zu führen. Wir hätten hier zum Beispiel das „Lass dir alles gefallen, sonst wirst du aus dem Kreise deiner Lieben ausgeschlossen"-Virus. Oder das „Wir messen dich mit einem kürzeren Maßband, schließlich bist du kleiner, dümmer und erfolgloser als der Rest der Familie"-Virus – oder „Verstoße niemals gegen die Paragrafen des Familiengesetzbuches, schließlich haben wir es geschrieben"-Virus. Wahrscheinlich sind diese oder ähnliche Viren schon einmal in Ihr Immunsystem gelangt.

Fragen Sie sich, wie Sie diese Viren für immer in die Isolation schicken können? Das ist ganz einfach! Indem Sie zunächst beginnen, sich so sehr zu lieben wie den 27. Dezember, den Tag, an dem der familiäre Weihnachtswahnsinn all die Jahre wieder vorüber ist.

Benennen Sie nun zunächst die Viren, die schon einmal in Ihr Immunsystem gelangt sind. Aber stecken Sie mich bitte nicht an!

_____

_____

_____

_____

Diese Viren haben Sie nun identifiziert! Der Grund, warum sie in Ihr Immunsystem gelangt sind, ist nachvollziehbar: Ihr Impfschutz hat nicht ausgereicht.

Es gibt allerdings einen hochwirksamen Impfstoff gegen diese Art von Viren. Ich habe ihn eben schon kurz angesprochen. Es besteht aus: **Selbstliebe, Selbstrespekt & Selbstachtung und Selbstvertrauen** – und ist mit Abstand der wirksamste Impfschutz gegen alle unliebsamen Viren, die versuchen, in Ihr Immunsystem zu gelangen und dort Schaden anrichten.

Wenn Sie sich selbst lieben und Ihren Fokus primär darauf richten, was Ihnen im Leben Energie gibt und Sie glücklich macht, sind Sie bereits auf einem sehr hohen Level vor Viren geschützt. Sie sind dann mit Ihrer Aufmerksamkeit bei sich und verlieren nicht wertvolle Energie, indem Sie in Resonanz gehen mit Nestbewohnern, die versuchen, ihre Viren auf die Reise zu Ihnen zu schicken. Investieren Sie weder Zeit noch Energie, in Resonanz zu gehen.

Es gelangen nur Viren in Ihr Immunsystem, wenn dort Platz ist. Platz ist überall dort, wo Selbstzweifel und fehlende Selbstliebe & Selbstwertschätzung Löcher der Unsicherheit hinterlassen. Dies ist ein besonders nahrhafter Boden für Viren. Füllen Sie also diese Lücken randvoll an mit Selbstliebe und leben Sie Ihr neues Leben als Self Love Rebel.

Stellen Sie sich vor, dass alles, was ausgesendet wird, zurückkehrt. Stellen Sie sich alles Ihnen Entgegengebrachte als einen Bumerang vor. **Ein Bumerang kehrt zum Werfer zurück.** Manchmal früher, manchmal später. Ihre einzige Aufgabe ist es ab heute, zu erkennen, dass ein Bumerang in Ihre Richtung geworfen wird – und ihm dann beim Flug zuzusehen! Sie schauen einfach mit Gelassenheit zu. In Resonanz gehen Sie nicht. Sie stellen sich auch nicht in die Flugbahn und versuchen, ihn zu fangen. Es interessiert Sie auch nicht, warum dieser Bumerang geworfen wurde. Die Tatsache, dass er in Ihre Richtung fliegt, ist genug. Sie stellen sich ja schließlich auch nicht auf die Straße und versuchen, Grippeviren zu fangen. Sie lassen diese hoffentlich weiterziehen und feiern, wenn der Kelch an Ihnen vorübergegangen ist.

Lassen Sie den Bumerang ab sofort ziehen wie die Wolken am Himmel!

VERLIEREN SIE IHRE ÄNGSTE

Weil sich Wenn-dann-Gedankenspiele zu Worst-Case-Szenarien auswachsen können, wie wir im ersten Teil dieses Buchs beim Thema Rollenlotterie schon erfahren konnten, haben Sie sich vielleicht bisher ausbremsen und sich an Ihrem neuen Leben als Nestbeschmutzer & Self Love Rebel hindern lassen.

Eine mögliche Strategie, um Ihre Ängste vor möglichen Konsequenzen zu minimieren oder gar zu verlieren, ist, Ihre Worst-Case-Szenarien buchstäblich herauszufordern! Stellen Sie sich vor, etwas zu tun, das Sie normalerweise vermeiden würden – aus Angst.

Beispiel

Sie haben eine Großtante zweiten Grades, eine entfernte Verwandte, die ihr Unwesen wenige Male im Jahr bei Familientreffen treibt. Sie hegen eine gewisse Sympathie füreinander. Was Sie allerdings weniger mögen, ist die immer gleiche Begrüßung und Verabschiedung per inniger Umarmung. Da Sie aber Angst haben, Ihre Großtante zu verletzen und zurückzuweisen, indem Sie ihr dies sagen, verletzen Sie sich lieber selbst – und beißen in diesen ziemlich sauren Apfel.

Sie wissen, dass es Ihnen grundsätzlich schadet, über Ihre eigenen Grenzen zu gehen! Stellen Sie sich also den schlimmsten Fall vor, der eintreten könnte, wenn Sie Ihre Großtante dezent darauf hinweisen würden, dass sie sich einen anderen Menschen zum Kuscheln aussuchen muss und Sie leider nicht mehr zur Verfügung stehen. Was wäre nun der Worst Case für Sie?

Ich vermute, es wäre eine Zurückweisung seitens dieser Person. Resultat wäre das Gefühl der Ablehnung und Ausgrenzung. Oder gäbe es etwas Schlimmeres?

Nun gehen Sie gedanklich noch einen Schritt weiter: Was genau würde geschehen, wenn Sie diesen Menschen am Ende verlieren würden, weil Sie sich weigern, ihn zu umarmen? Hätte dies für Sie existenzielle Folgen?

Gehen wir also wirklich vom schlimmsten Fall aus, vom absoluten Worst Case: Sie verlieren diesen Menschen.

Nun frage ich Sie: Was würden Sie an einem Menschen vermissen, der Sie nicht 100%ig respektiert? Der nur in Ihre Welt gekommen ist, um Ihre Ängste zu triggern, Sie zu schwächen und Sie am Ende nicht in Ihrer gesamten Persönlichkeit liebt & respektiert? Vielleicht würden Sie glauben, dass Ihnen etwas fehlt, weil Sie so daran gewöhnt sind, von Menschen umgeben zu sein, die Sie nicht respektieren. Ihr Gehirn signalisiert Ihnen: „Das kommt mir bekannt vor, und alles, was ich kenne, ist gut für mich." Denn diese Gedächtnisspur ist alt und besonders tief eingefahren. Es ist eher eine Spur des Grauens. Sie verdienen es, *nicht* respektiert zu werden? Auweia. – Sie würden doch vielmehr sehen, dass eigentlich gar nichts passiert, was Ihr Leben in entscheidender Form negativ beeinflusst.

Das Einzige, was sicher geschieht, wenn Sie die Bitte äußern, Sie nicht zu umarmen, ist, dass Sie sich entweder Respekt verschaffen – oder einen Menschen verlieren, der Ihnen mehr Energie nimmt, als er gibt.

Fallen Ihnen Situationen ein, in denen Sie über Ihre Grenzen gehen, aus Angst davor, Ihre Wünsche klar zu formulieren und infolgedessen ausgegrenzt zu werden?

_____

_____

_____

_____

Wenn sich in Zukunft scheinbare Worst-Case-(Horror)-Szenarien in Ihnen recken, spielen Sie ab heute folgende Fragen bewusst durch, um den Befürchtungen vor möglichen Konsequenzen die Kraft zu nehmen:

Was wäre das Schlimmste, das geschehen könnte, wenn …

_____

Wenn dieser Fall eintritt, welche konkreten Konsequenzen hätte dies …

_____

Wenn diese Konsequenzen eintreten, was würde ich dann tun …

_____

Sind die Konsequenzen so gravierend, dass ich dieses Risiko nicht eingehen kann und die Situation daher lieber vermeide?

Erkenne ich gerade, dass die Konsequenzen nicht schlimm sind oder sie vielleicht sogar gar keinen bedeutenden Einfluss auf mein Leben hätten?

Sie wissen, was ich meine? Dann schauen Sie sich ab sofort jede Angst, die Sie in ein Vermeidungsverhalten bringen möchte, genau unter diesen Aspekten/Fragen an. Sie werden sehen, dass sich die Ängste relativieren werden, weil die befürchteten Konsequenzen nur toxische Gedankenkonstrukte sind, die mit der Realität nicht viel zu tun haben.

Teil 4

WILLKOMMEN IN IHREM NEUEN LEBEN!

JUMPING OUT OF THE BOX – SIE SIND FLÜGGE GEWORDEN

Es ist so weit. Sie sind flügge geworden und verlassen das Nest – oder sollte ich lieber sagen: DIE BOX. Die Box, die Sie Zeit Ihres Lebens begrenzt hat. Die Ihnen die Luft zum Atmen genommen und keinen Raum gegeben hat für Ihre eigenen Wünsche und Träume; die Ihnen die Freiheit genommen hat, sich frei zu entfalten und das Leben zu leben, das Sie für erstrebenswert halten, um glücklich zu werden; die für Sie keine eigene Realität vorgesehen hat, keine eigene Welt.

Eine kleine Box, in der Sie sich Zeit Ihres Lebens den Platz geteilt haben mit Messlatten, Vorstellungen, wie Sie zu sein haben, um im warmen Schoß der Familie willkommen geheißen zu werden. Eine Box voller Zwergkaninchen und Pixi-Bücher, voller Lichter, die Sie verschämt unter den Scheffel gestellt haben, um bloß nicht aufzufallen, und die noch leise vor sich hinflackern, Lorbeeren, die Sie glaubten, sich nicht verdient zu haben, Freifahrtscheinen und einem dicken Familiengesetzbuch.

Diese Box ist jetzt einfach zu eng geworden! Zeit, sie zu sprengen und in die Freiheit zu laufen! Ich sage es Ihnen, laufen Sie buchstäblich um Ihr Leben, schneller als ihre Füße Sie tragen können und lassen Sie all die Geschenke zurück in der Box. Wir schreiben nun gemeinsam Geschichte. Wir schreiben die Geschichte Ihrer Gegenwart und die Ihrer Zukunft. **JETZT!**

Sie werden es jetzt laut herausschreien oder singen – Hauptsache rebellenmäßig und unangepasst. In welchen Bereichen Ihres wunderbaren Lebens wird die Chance des Jahrtausends stattfinden? Was werden Sie tun? Wer werden Sie sein und welche großartigen Veränderungen in Ihrem Leben wird dies zur Folge haben?

Erzählen Sie es mir! Ich bin mir sicher, dass Sie schon wissen, wo es langgehen soll, und Sie erste innere Bilder schemenhaft vor sich sehen. Lassen Sie sie deutlicher werden. Klarer. Größer. Leuchtender. Sagen Sie mir jetzt, womit Sie beginnen. Wohin gehen Ihre ersten drei Sprünge aus der Box? Nehmen Sie jetzt Anlauf!

1. JUMP: _____

2. JUMP: _____

3. JUMP: _____

Sie haben Ihre ersten Wünsche und Ziele formuliert – und vielleicht haben Sie sich zu diesem Zeitpunkt auch schon ein wenig stolz gefühlt. Stolz, dass Sie der Mensch sind, der Sie sind. Dass Sie nicht mehr in einer Box leben, sondern sich auf dem sicheren Weg aus der Box heraus befinden. Ab geht's. „Raus" ins Vergnügen!

WILL TO REBEL – ENTFESSELN SIE DEN SELF LOVE REBEL!

Die nächste Disziplin, an die wir uns nun gemeinsam wagen, ist Ihr *Will to Rebel*. Der Granitblock auf dem Kaminsims Ihrer Eltern, der Sie noch vor Kurzem verzweifelt angelächelt hat, setzt langsam Staub an – und Sie gehen, statt zu versuchen, dem Idealbild Ihrer Familie zu entsprechen, Schritt für Schritt in eine selbstbestimmte Zukunft. Den *Will to Please* beobachten Sie nun nur noch, wenn Sie Retrievern beim Spielen auf der Wiese zuschauen. Ich bin begeistert! Sie auch?

Sie verfolgen ab heute einen Plan, der Sie zum unabhängigsten Rebellen der Menschheitsgeschichte avancieren lässt. Sie proben jetzt den Aufstand! Und es wird richtig krachen! Sie werden jetzt zum ultimativen Self Love Rebel!

SELBSTLIEBE

Um ein Nestbeschmutzer & Self Love Rebel zu sein, sollten Sie sich frei fühlen. Sie sollten frei sein. Nur in diesem Zustand kann es Ihnen ganz egal sein, was andere Menschen – vornehmlich der Familienmob – von Ihnen denken, zu Ihnen sagen oder über Sie reden.

Sie haben bisher versucht, dazuzugehören und sich einen sicheren Platz innerhalb Ihrer Familie zu erkämpfen. Und erkannt: Liebe muss nicht kämpfen. Liebe ist. Sie haben bisher versucht, perfekt und vollkommen zu sein – nach dem Wertemaßstab Ihrer Familie. Sie wollten der Messlatte entsprechen und diese endlich erreichen. Sie haben so sehr versucht, alles richtig zu machen und jeden Wunsch Ihrer Familie zu erfüllen, dass Sie dabei vergessen haben, sich zuzuhören. Ihrer inneren Stimme. Vielleicht haben Sie sogar Ihre Familie idealisiert und als vollkommen und perfekt wahrgenommen. Sie haben vergessen, dass diese genau so unvollkommen und unperfekt ist, wie Sie und wie wir alle. Es ist nicht erstrebenswert, perfekt zu sein. Es gibt keine Perfektion im Leben. Nirgendwo. Die entscheidende Frage im Leben ist, ob Sie Ihr Bestes geben und ob Sie sich achten und andere achten. Wenn Sie Ihr Bestes, was Sie zu tun vermögen, geben, ist es genug. Immer.

→ → Sie sind in Ihrer Unvollkommenheit vollkommen. Seien Sie schlichtweg der beste und der wunderbarste Mensch, der Sie sein können. Jeden einzelnen Tag Ihres Lebens.

Einer der wichtigsten Punkte auf dem Weg, ein Self Love Rebel zu werden, ist: Gehen Sie eine Liebesbeziehung mit sich ein. Wenn Sie sich als Self Love Rebel bedingungslos lieben, werden Sie frei und unabhängig: von Meinungen anderer und von Ihren eigenen Ängsten. **Es ist wirklich so einfach.**

Als Self Love Rebel sind Sie 100%ig vor jedem Versuch geschützt, der Ihnen das Gefühl vermitteln soll, dass Sie sich Liebe und Zugehörigkeit erkämpfen müssen. Es geht nicht darum, dass jeder Ihre Vorstellungen und Meinungen teilen muss. Ganz und gar nicht. Familiäre Beziehungen leben, wie alle zwischenmenschlichen Beziehungen, auch von der Gegensätzlichkeit und inspirieren sich dadurch. Vielmehr ist sicherzustellen, dass Sie als der Mensch, der Sie sind und der Sie in Zukunft sein möchten, bedingungslos geliebt, respektiert und akzeptiert werden.

SELBSTRESPEKT & SELBSTACHTUNG

Sie beginnen ab heute auch, sich selbst zu respektieren und zu achten. In dem Moment, wo sich eine Stabilität dieses Selbstrespektes eingestellt hat, werden Sie keine Menschen mehr dazu einladen, die Sie nicht respektieren. Was sich früher vielleicht gelegentlich im Nebel verborgen hat, wird nun klar sichtbar. Sie werden keinem Menschen mehr glauben, wenn er Ihnen mit Destruktivität und Abwertung begegnet. Sie gehen nicht in Resonanz.

Je mehr Sie von Zeit zu Zeit spüren, wie gut es sich anfühlt, sich selbst zu respektieren und wertzuschätzen, desto sensibler werden Sie für die Machenschaften derjenigen in Ihrem Leben, die Ihnen mangelnden Respekt zollen: mangelnden Respekt, der es Ihnen unmöglich macht, Ihre Lebensziele zu erreichen, weil Sie den ganzen Tag damit beschäftigt sind, Ihre Wunden zu verbinden; mangelnden Respekt, der Sie verunsichert und Raum in Ihnen einnimmt, wo Selbstliebe ihren Platz einnehmen sollte.

→ → Dieser Selbstrespekt, den Sie nun empfinden, geht Hand in Hand mit der Liebesbeziehung, die Sie mit sich eingegangen sind. Der besten Liebesbeziehung überhaupt: Sie sind nun ein Rebel, der bedingungslos lebt, der bedingungslos liebt und respektiert. Als Erstes sich selbst. Sie sind nun ein Self Love Rebel, der sich ernst nimmt. Sie geben ab sofort Ihren Träumen und Zielen den Raum, den sie brauchen, um wachsen und sich erfüllen zu können. **Es ist so einfach.**

So wie jede Beziehung sollten Sie auch diese kontinuierlich pflegen. Eine Möglichkeit ist, dass Sie jeden Morgen mit folgendem Gedanken beginnen:

- Würde ich mich heute gerne selbst treffen, um mit mir einen Tee zu trinken?
- Würde ich mir heute ein Kompliment machen, wie gut ich aussehe?
- Wäre ich heute von Stolz und Glück erfüllt, mit mir befreundet zu sein und Zeit mit mir zu verbringen?
- Bin ich der Mensch, der ich sein könnte, und inspiriere ich mich, mein Leben so zu leben, dass ich nichts bereue?
- Habe ich Achtung vor mir selbst und gehe ich auch achtsam mit anderen Menschen um?
- Berühre ich die Menschen um mich herum durch meine Ehrlichkeit, Liebenswürdigkeit und meine Weisheit?
- Lebe ich, was ich lehre, und lehre ich andere Menschen, was ich lebe?
- Lebe ich ein freies Leben, das ich nach meinen Vorstellungen gestalte?
- Bin ich der glücklichste und beste Mensch, der ich sein könnte?

Lassen Sie sich von einer möglicherweise negativen Antwort nicht von einer Lawine aus übermäßiger Selbstkritik wegreißen, sondern versuchen Sie Folgendes:
Ich stoppe meine Talfahrt der Selbstzweifel jetzt, indem ich mir die Skier abschnalle und mich stattdessen gemütlich auf die Alm setze. Hier werde ich jetzt aufschreiben, warum es nett sein könnte, sich dennoch heute mit mir zu treffen.

Ich bin mir sicher, dass Ihnen – gemütlich verweilend auf der Alm – etwas einfällt. Starten Sie bitte jetzt!

_____

_____

_____

_____

_____

_____

Die Voraussetzung, um sich – beispielsweise wieder gerne mit sich selbst zu treffen –, vor allem aber, um Fortschritte und Ziele im Leben Schritt für Schritt zu realisieren, ist, dass Sie ab heute achtsam mit Ihren Gedanken umgehen. Selbstkritik aus Selbstzweifel und Selbstvorwürfen haben hier ab sofort nichts mehr zu suchen.

→ → Gehen Sie gedanklich wertschätzend mit sich um, so wie Sie sich auch wünschen, dass andere Menschen Ihnen begegnen.
Gehen Sie auch wertschätzend mit anderen Menschen um. Falls Sie sich gelegentlich dabei ertappen, dass Sie andere Menschen kritisieren, hören Sie damit auf. Wenn Sie zum Beispiel im Auto sitzen und der Meinung sind, dass die Person vor Ihnen zu langsam fährt, gibt es keinen Grund, diesen Menschen zu kritisieren. So, wie Sie ein Recht darauf haben, schnell zu fahren, hat die Person vor Ihnen das Recht, gemütlich zu fahren. Sich selbst und andere zu respektieren, ist die Basis für jede zwischenmenschliche Interaktion.
Denken Sie an den Bumerang! Das Leben agiert wie ein Bumerang: Was Menschen aussenden, kehrt zu ihnen zurück.

Sie können sich jetzt entspannt zurücklehnen und sich in aller Ruhe darüber Gedanken machen, wie Sie ab heute liebevoll und respektvoll Ihren inneren Dialog gestalten.

INTIMACY: INTO ME YOU SEE – VERTRAUEN SIE SICH

Um ein Self Love Rebel zu sein, bauen Sie eine intime Beziehung zu sich auf. Sie lieben sich bedingungslos; Sie respektieren und achten sich – und Sie vertrauen sich.

Sie vertrauen sich und Ihrer inneren Stimme, welche Menschen Sie sich an Ihrer Seite wünschen; bei der Wahl, mit welchem Partner Sie zusammen sein möchten; welchen Beruf Sie ausüben wollen; welche Zukunftsvisionen Sie haben. Sie vertrauen sich selbst Ihr eigenes Leben an, Sie legen es in Ihre liebevollen Hände.

→→ Um sich näherzukommen, um bei sich sein zu können, ist es außerdem wichtig, zu versuchen, ein Leben in Balance zu führen. Ein Leben, in dem Sie rechtzeitig spüren, wenn etwas zu anstrengend wird und Sie es ausgleichen sollten. Dazu gehört auch, dass Sie erkennen, wenn droht, dass Grenzen überschritten werden.

Um eine intime Beziehung zu sich selbst aufzubauen und sich selbst zu lieben, ist es wichtig, herauszufinden, wer Sie wirklich sind und wer möchten Sie sein möchten, unabhängig von den Erwartungen, die andere an Sie stellen. Frei von Messlatten und Familiengesetzbüchern!

Intimität bedeutet, dass Sie sich zuhören und ernst nehmen, dass Sie die Ideen und Visionen, die Sie haben, genau anschauen und entscheiden, ob Sie sie leben und verwirklichen möchten. Intimität bedeutet, Vertrauen zu haben, es auszuweiten und es zu festigen.

Ihre Selbstliebe, Selbstrespekt & Selbstachtung und Selbstvertrauen sollten in jedem Moment Ihres Lebens Hand in Hand gehen. Sie haben nur dieses Leben. Holen Sie alles aus ihm heraus, was Sie können. Leben Sie. Lieben Sie. Entfesseln Sie den Rebellen, immer in dem Wissen, dass Sie heute der beste Mensch sein möchten, der Sie sein können.

Voller Selbstliebe, Selbstrespekt & Selbstachtung und Selbstvertrauen. Hegen und pflegen Sie sie, entwickeln Sie sie weiter, um sie zu festigen. Sie sind es, die Sie unterstützen, stärken, Sie bewegen und motivieren, die Sie zum Lachen bringen und zum Nachdenken.

Im Moment der bedingungslosen Selbstakzeptanz sind Sie unabhängig davon, ob andere Sie akzeptieren. Ihr Glück sollte niemals davon abhängen. Richten Sie stattdessen den Fokus auf die Dinge, die Ihnen im Augenblick ein eindeutig positives Gefühl vermitteln.

Bitte schreiben Sie jetzt 11 Dinge auf, für die **Sie sich** in diesem Moment lieben und schätzen.

_____

_____

_____

_____

_____

_____

Diese Liste ist erst der Anfang von Ihrem Glück. Ich bin mir sicher, dass Sie sie immer wieder erweitern können. Bitte nehmen Sie ab heute jeden Morgen ein Stück Papier und schreiben Sie mit großen roten Buchstaben darauf: **Self Love Rebel**.

Dann zerreißen sie es und formen daraus 11 kleine Bällchen. Mit diesen Bällchen bewerfen Sie natürlich nicht Ihre Lieben! Sie stecken sie sich bitte in Ihre Hosentasche, Handtasche, Hemdtasche etc. An einen Ort, an dem Sie an sie denken, wo sie Ihnen begegnen. In jedem Moment des Tages, in dem Ihnen bewusst ist, für was genau Sie sich gerade jetzt lieben und schätzen, werfen Sie ein Papierkügelchen weg. Solange, bis alle diese Kügelchen sich an einem Ort ihrer Wahl wiedertreffen und sich darüber unterhalten, was Sie doch für ein erstaunlicher Mensch und Self Love Rebel sind.

Diese Übung wiederholen Sie am besten, so oft Sie können. Täglich. Mindestens einen Monat lang. Deal?

THINK IT. SAY IT. DO IT. – POSITIONIEREN SIE SICH!

THINK IT

Als Self Love Rebel lebt es sich phänomenal. Ihrer neuen Haltung und jeder Ihrer Handlungen als Self Love Rebel gehen jedoch grundlegende Gedanken voraus. Aus einem Gedanken werden viele und aus ihnen resultiert schließlich ein inneres Bild, das zu einem Entschluss heranreift, etwas zu tun.

Beispiel
Sie – oder besser ich denke – wie so oft – am Morgen an ein frisches, warmes und knuspriges Croissant. Ich denke daran, wie es duftet und auf meinem Teller liegt, um endlich gegessen zu werden. Ich denke an den Bäcker, bei dem es jetzt noch im Brotkorb ruht, und ich stelle mir vor, wie ich zum Bäcker gehe und dieses fantastische Croissant endlich aus seiner Isolation befreie und es mit zu mir nach Hause nehme.

Ein erster Gedanke. Viele Gedanken. Jetzt der Entschluss: Ich werde sicher nun aus dem Bett springen und zum Bäcker laufen. Der Entschluss bedeutet hier, dass ich meinen zuvor gedachten Gedanken folge. Verstanden? Prima!

Um einen Entschluss zu fassen, gehen diesem verschiedene Gedanken voraus, aus denen Sie dann eine Art innere Landkarte entwickeln. Diese zeichnet Ihnen die Wege auf, die Sie gemeinsam mit Ihrem Entschluss gehen. Sie zeichnet Ihnen die Wege in Ihrem Leben auf, die Sie zukünftig gehen wollen. Auf dieser Landkarte erkennen Sie, wo Sie im Moment stehen (im Bett, an ein Croissant denkend), wie der Weg aussieht (es liegt gerade beim Bäcker und wartet darauf, dort abgeholt zu werden) und wo Sie ankommen möchten (natürlich beim Bäcker, denn ohne Croissant gibt es keinen guten Start in meinen Tag!).

Um also an genau an den Ort Ihrer Wahl aus der Box zu springen und sich dort als amtierender Self Love Rebel zu positionieren, überlegen Sie sich bei jedem dieser Sprünge aus der Box, wo Sie ankommen möchten und zeichnen Ihre mentale Landkarte. Das verhindert, dass Sie im Nirgendwo landen oder am Ende vielleicht sogar versehentlich wieder in die Box hineinspringen, aus der Sie nun endlich entkommen sind. Sie richten Ihren Fokus ausschließlich auf das, was Sie wollen. Formulieren das Ziel Ihrer Träume also positiv.

Denken wir das Konzept nun noch zu Ende. Sie haben *Think It* erfolgreich in die Tat umgesetzt und auf Ihrer inneren Landkarte eine Reiseroute markiert. Nun ist es sinnvoll, um an das wunderbare Croissant zu kommen, dass Sie beim Bäcker genau dies formulieren: „Ich hätte gerne dieses wunderbare Croissant." *(Say It)*

Wir sind nun beim letzten Step: *Do It.* Ich bezahle das Croissant und transportiere es nach Hause. Ich lege es auf meinen Frühstücksteller und genieße es mit Marmelade. *(Do It).*

Nun sind Sie dran. Hier kommt Ihr erstes Beispiel, wie Sie die drei Schritte gehen.

Sie haben sich entschieden, neuerdings vegan zu essen. Diese Entscheidung ist klar und unumstößlich. Sie werden in Ihrer Familie zum Essen eingeladen. Der Lammbraten steht auf dem Tisch und lacht Sie an. Sie haben eine klare innere Position.

Das ist ein einfaches Beispiel, weil Sie aufgrund Ihrer Entscheidung, vegan zu leben, wohl kaum mögliche Konsequenzen Ihrer Familie befürchten werden, geschweige denn zu befürchten haben. Vielleicht kommt es zu einer kleinen Stichelei, es ist aber nichts Substanzielles.

Wenn Sie sich gedanklich klar positioniert haben, kommen Sie automatisch zum nächsten Schritt:

SAY IT

Sie werden Ihre gedanklichen Konzepte nun bewusst nach außen kommunizieren und unmissverständlich zum Ausdruck bringen, dass Sie sich nur vegan ernähren und daher mit Kartoffeln und Gemüse sehr zufrieden sind. Je klarer Sie sich darüber sind, dass Sie vegan leben, umso leichter und überzeugender wird es Ihnen gelingen, dies zu kommunizieren.

DO IT

Do It ist nun der letzte Schritt. Ihren Worten werden Taten folgen. Sie essen Kartoffeln und Gemüse.

Schauen wir uns nun ein weiteres Beispiel an, das Ihnen unter Umständen zu Beginn etwas schwieriger erscheinen dürfte. Sie haben sich gedanklich dazu entschieden, dass Sie zukünftig ausschließlich gemeinsam mit Ihrem Lebenspartner zu Familientreffen gehen. Einladungen, auf denen nur Ihr Name steht, wandern ins Altpapier.

Sie haben diese Entscheidung getroffen. Eindeutig.

Dieses Entscheidung kommunizieren Sie nun im nächsten Schritt und bei nächster Gelegenheit klar Ihrer Familie. Sie bekommen jedoch erneut eine Einladung, auf der nur Ihr Name steht. Irrtum ausgeschlossen.

Sie gehen nun den letzten Schritt und ziehen Konsequenzen beziehungsweise positionieren sich klar, indem Sie Ihre Teilnahme an der Feier absagen. Sie sind authentisch Ihrer inneren Vision gefolgt und haben diese neue Positionierung durch Ihr Handeln verdeutlicht.

Sie haben sich dadurch vielleicht nicht beliebter gemacht, aber Sie werden ernst genommen! Ihre Familie weiß für die Zukunft, dass sie Sie ernst nehmen kann. Sie sind am Ziel angekommen. Ihre Familie sieht, dass Sie fest auf eigenen Füßen stehen und dass dem, was Sie ankündigen, auch sicher Taten folgen werden.

Was geschieht, wenn Sie sich innerlich nicht klar positionieren?

Beispiel

Sie werden von einem Familienmitglied immer wieder auf Ihre beruflich schwierige Situation angesprochen. Dies ist jedoch leider kein Ausdruck von Sorge und Anteilnahme, sondern dient dem Familienfiesling vielmehr dazu, Sie im Status zu senken, um Sie im Umgang leichter händelbar zu machen.

Diese Situation hat sich schon viele Male wiederholt, und weil Sie aus Erfahrung wissen, was geschehen wird, stellen Sie sich gedanklich genau darauf ein. Sie richten Ihre Gedanken darauf aus, dass gleich auf Ihrer beruflichen Situation wie auf einem Rodeo-Bullen herumgeritten werden wird. Und es geschieht genau das. Sie lassen, wie immer, alles über sich ergehen. Wirklich bewusst ist Ihnen nicht (oder nicht mehr), dass das Verhalten Ihres Gegenübers für Sie nicht akzeptabel ist, oder dass Sie sogar die Möglichkeit hätten, Konsequenzen zu ziehen. Das Szenario gleicht schließlich Ihren inneren Bildern.

Verstehen Sie, was ich meine? In dem Moment, in dem sich im Außen genau das Gleiche abspielt, wie Sie es sich vorher in Ihrem Geist kreiert haben, werden Sie das, was Sie erleben, nicht mehr kritisch hinterfragen. Schließlich passt es zu Ihren Gedanken, Ihrer inneren Wirklichkeit. So wird Ihnen nicht bewusst, dass hier gerade etwas stattfindet, das Ihnen schadet.

→→ Dies wird erst geschehen, wenn Sie Ihre Gedanken ganz klar dahin ausrichten, was Sie in Zukunft nicht mehr nebenbei diskutiert oder angesprochen wissen möchten – zum Beispiel Ihre berufliche Situation. Wenn Sie sich dessen in vollem Umfang bewusst sind, können Sie es klar nach außen kommunizieren und als nächsten Schritt Konsequenzen ziehen. Wie auch immer diese aussehen mögen. Das entscheiden allein Sie. *Think It. Say It. Do It.* So lautet ab heute Ihr Plan!

Wer auch immer in Zukunft versuchen sollte, Sie zurück in die Box zu stecken, dem wird es nicht gelingen. Er wird daran scheitern, dass Sie die drei Steps konsequent gehen. Schritt für Schritt. Ihrer inneren Landkarte folgend, bis Sie am Ziel sind. Ihrem Ziel, das immer außerhalb der Box liegen wird. Sie gehen nicht mehr Resonanz und lassen, wie besprochen, den Bumerang ziehen. Sie schauen ihm lediglich emotionslos bei seiner Flugbahn zu.

Und sollte wider alle Erwartungen dieser Bumerang doch einmal gefährlich nahe an Sie herankommen und Sie das unbedingte Bedürfnis verspüren, ihn zu fangen und ihn ganz tief in Ihre Jackentasche zu stecken, gibt es einen Weg, dem Bumerang einen dynamischen Windstoß zu verpassen, der ihn ganz weit von Ihnen wegbringen wird. Wir üben diese magische Formel nun zu zweit.

Stellen Sie sich bitte aufrecht hin, fühlen Sie, wie Ihre Füße fest auf dem Boden stehen, und formulieren Sie folgende Frage in Ihrem Geiste:

„What the hell has that to do with me?!"
Es geht natürlich auch mit einem Kräftigen:
„Was zur Hölle hat das mit mir zu tun?!"
Und weil das so schön war, wiederholen Sie es mit lauter, klarer Stimme in Ihrem Geiste gleich noch einmal:
„What the hell has that to do with me?!"
„Was zur Hölle hat das mit mir zu tun?!"
Und noch einmal:
„What the hell has that to do with me?!"
„Was zur Hölle hat das mit mir zu tun?!"

Senken Sie jetzt Ihre Stimme im Geiste etwas und gehen Sie im Ton eine selbstbewusste Oktave tiefer. Sagen Sie:
„Nothing!"
„Gar nichts!"
Wiederholen Sie dies noch einmal:
„Nothing!"
„Gar nichts!"
Und ein letztes Mal:
„Nothing!"
„Gar nichts!"

Diese magische Formel wird den Bumerang in hohem Bogen weiterfliegen lassen. So weit, dass Sie ihn nur noch als kleinen Klecks am Horizont erkennen werden.

Was auch immer in Ihrem Leben innerhalb Ihrer Familie geschehen ist, wer auch immer versucht hat, Sie zu manipulieren, Sie im Status zu senken und Sie gern als Zwergkaninchen sähe, was auch immer geschehen ist: Es hat mit Ihnen persönlich nichts, absolut gar nichts zu tun.

THE STORY OF MY LIFE – SIE SIND ZUM SELF LOVE REBEL GEWORDEN!

Stellen Sie sich vor, man würde Sie nun nach Ihrer Geschichte fragen. Ganz genau. Ich meine nach genau dieser Geschichte. Der Geschichte Ihres Lebens. Der Geschichte Ihrer Unvollkommenheit. Der Geschichte eines schwarzen Schafes und Sündenbocks, der Sie in Ihrer Familie waren oder sind ... Es wäre eine Geschichte, die erzählt, warum Sie genau der Mensch sind, der Sie sind. Ein Mensch, der, bevor er sich entschieden hat, ein Nestbeschmutzer & Self Love Rebel zu werden, in einem Zustand voller Unsicherheit gelebt hat, voller Ohnmacht, vielleicht auch voller Schuld- oder Schamgefühle, voller Wut, Sorge und Angst.

Entscheidend ist jetzt: Sie sind zum Self Love Rebel geworden, der sich selbst liebt, respektiert, achtet, wertschätzt, sich akzeptiert und daraus Selbstvertrauen und Selbstbewusstsein schöpft? Der seine Ziele verfolgt, der sich nicht aufhalten lässt, seinen Wünschen und Ideen nachzugehen, um ein glückliches Leben zu führen? Frei und unabhängig?

Wenn Sie heute Ihre Geschichte erzählen, gehören alle Höhen und Tiefen dazu. Akzeptieren Sie sich so, wie Sie sind. Bitte schreiben Sie hinter jeden Punkt und Wendepunkt in Ihrem Leben über sich folgenden Satz: „Und genau deshalb liebe ich mich als **Self Love Rebel** bedingungslos, genauso, wie ich bin."

Jetzt bin ich gespannt auf Ihre Geschichte!

_____

_____

_____

_____

_____

Wie geht es Ihnen jetzt? Wie fühlt sich Ihre Lebensgeschichte an? Was haben Sie dabei empfunden, als Sie diesen Satz immer wieder aufgeschrieben haben? Vielleicht ist Ihnen der Satz zu Beginn noch nicht so flüssig aus der Feder geflossen, aber von Mal zu Mal ist es besser geworden?

Wenn Sie noch nicht fertig geworden sind, ist das nicht schlimm. Nehmen Sie sich Zeit! Nehmen Sie sich Zeit, sich an die wichtigen Momente Ihres Lebens zu erinnern. Schreiben Sie diese Geschichte weiter. Jede Woche oder jeden Monat in einem eigenen Buch. Und integrieren Sie weiter den magischen Satz eines wahren Self Love-Rebellen. Einverstanden?

Ein Self Love Rebel zu werden, ist ähnlich wie Laufenlernen. Sie haben mit dem ersten Schritt begonnen. Und wie das beim Laufenlernen damals war, hat es eine kleine Weile gedauert, bis Sie festen Schrittes vorangeschritten sind und schreiten. Sie werden ab und zu fallen und sich dabei vielleicht auch gelegentlich wehtun, aber da Sie ein großartiger, unvollkommen vollkommener Mensch sind, werden Sie wieder aufstehen und weiterlaufen, so wie Sie das vor_____ Jahren beim Laufenlernen auch getan haben. Schritt für Schritt.

TIME TO SAY GOODBYE – IHR NEUES LEBEN

Ich gratuliere! Sie sind aus der Box gesprungen. Sie sind jetzt ein Nestbeschmutzer & Self Love Rebel, der seinen Gedanken Worte und Konsequenzen folgen lässt. Sie lieben sich über alles und respektieren sich genauso, wie Sie sind. Sie kennen die Manipulationsspiele Ihrer Lieben und haben erkannt, diese Spielchen nicht mehr persönlich zu nehmen UND nicht mehr in Resonanz zu gehen. Sie tun jeden Tag Ihr Bestes und wissen, dass das immer gut genug ist. Sie wissen AUCH, dass Sie in jeder Sekunde Ihres Lebens gut genug sind. Sie haben die Box weit hinter sich gelassen und Bumerange lassen Sie grundsätzlich fliegen.

So verrückt uns die Familie auch manchmal erscheinen mag, auch für Ihre Lieben gilt, dass sie sicher an jedem einzelnen Tag ihres Lebens ihr Bestes geben. Nicht immer ist dies auch das Beste für Sie.

Sie bleiben bei sich, richten den Fokus auf sich. Sie lassen all das los, was Ihnen die Fähigkeit zum Träumen nimmt, all das, was Ihnen nicht den Raum für Ihre Vision von einem glücklichen, erfüllten Leben gibt. Seitens Ihrer Familie nehmen Sie all das an, was in Ihr ganz persönliches Lebenskonzept passt. Ich bin mir sicher, dass auch Gaben dieser Art in Ihrer Familie vorhanden sind. Wertschätzen Sie all die Dinge, die Sie bereichern.

Respektieren Sie sich und seien Sie eine Inspiration für andere Menschen. Lassen Sie diese an dem Leben eines Nestbeschmutzers & Self Love-Rebellen partizipieren.

All dies bedeutet, dass Sie loslassen. Seien Sie heute der glückliches Mensch, der Sie sein können, und vertrauen Sie darauf, dass Sie sich durch Ihre Gedanken und Visionen das Leben erschaffen werden, von dem Sie träumen.

NACHSPANN

Stellen Sie sich bitte Folgendes vor:
Sie sind einen Tag alt und Ihr Leben beginnt gerade erst. Sie liegen warm und weich, frisch gewickelt, süß und sabbernd in Ihrem hellblauen/rosafarbenen Bettchen. Ihre Eltern, Großeltern, Urgroßeltern, Geschwister, Tanten und Onkel schauen selig lächelnd auf Sie herab. Alle sind so froh, dass Sie endlich da sind. Schließlich haben sie Sie viele Monate lang sehnsüchtig erwartet. Alles ist einfach perfekt mit einem süßen Wonne-proppen wie Ihnen.

Doch dann ist etwas geschehen, etwas Unvorhergesehenes, Außerordentliches, womit niemand in Ihrer Familie rechnen konnte.

Kommen Sie ganz dicht heran, dann werde ich es Ihnen verraten: Sie sind aus der Box gesprungen. Sie sind geradewegs in das Leben gesprungen, von dem Sie immer geträumt haben. Sie sind genau zu dem Menschen geworden, der Sie immer sein wollten. Sie leben das Leben Ihrer Träume. Sie leben Ihre Visionen. Sie leben Ihr volles Potenzial.

Wen laden Sie heute ein, an Ihr Bettchen zu kommen und sich mit Ihnen zu freuen?

AUSGEWÄHLTE LITERATUR
UND TIPPS ZUM WEITERLESEN

Davidson, Richard; Begley, Sharon: *Warum wir fühlen, was wir fühlen. Wie die Gehirnstruktur unsere Emotionen bestimmt – und wie wir darauf Einfluss nehmen können.* München: Arcana, 2012.

Dispenza, Joe: *Ein neues Ich. Wie Sie Ihre gewohnte Persönlichkeit in vier Wochen wandeln können.* Burgrain: Koha, 2012.

Forward, Susan: *Vergiftete Kindheit. Vom Missbrauch elterlicher Macht und seinen Folgen.* München: Goldmann, 1993.

Forward, Susan; Frazier, Donna: *Emotionale Erpressung. Wenn andere mit Gefühlen drohen.* München: Goldmann, 2000.

Forward, Susan; Frazier Glynn, Donna: *Wenn Mütter nicht lieben. Töchter erkennen und überwinden die lebenslangen Folgen.* München: Goldmann, 2015.

Fredrickson, Barbara L.: *Die Macht der guten Gefühle. Wie eine positive Haltung Ihr Leben dauerhaft verändert.* Frankfurt/Main: Campus, 2011.

Hay, Louise L.: *Gesundheit für Körper und Seele.* München: Allegria, 2005.

Hay, Louise L.: *You Can Heal Your Life. Leben und Botschaft der großen spirituellen Lehrerin. Der Film.* Berlin: Ullstein, 2007.

Hay, Louise L.; Holden, Robert: *Das Leben liebt dich. 7 spirituelle Übungen für Körper und Seele.* München: L.E.O., 2015.

Hay, Louise L.; Schulz, Mona Lisa: *Gesund sein. Das neue Programm zur Selbstheilung.* Berlin: Allegria, 2013.

Hirigoyen, Marie-France: *Die Masken der Niedertracht: Seelische Gewalt im Alltag und wie man sich dagegen wehren kann.* München: DTV, 2002.

Rankin, Lissa: Mind over Medicine. *Warum Gedanken oft stärker sind als Medizin. Wissenschaftliche Beweise für die Selbstheilungskraft.* München: Kösel, 2014.

Seligman, Martin: *Flourish – wie Menschen aufblühen. Die positive Psychologie des gelingenden Lebens*. München: Kösel, 2012.

Servan-Schreiber, David: *Die neue Medizin der Emotionen. Stress, Angst, Depression. Gesund werden ohne Medikamente*. München: Goldmann, 2006.

Siegel, Daniel J.: *Die Alchemie der Gefühle. Wie die moderne Hirnforschung unser Seelenleben entschlüsselt – das Navigationssystem zu emotionaler Klarheit*. München: Kailash, 2010.

DANKSAGUNG

Es gibt viele Menschen, die mein Leben täglich durch ihre Liebe und ihre Einzigartigkeit unendlich bereichern:

Ich danke dir, Astrid, für einfach alles. Du bist die Beste. Dir ist dieses Buch von ganzem Herzen und in Liebe gewidmet. Ich danke meinen Eltern und meiner gesamten Familie. Ihr seid mein Fundament. Danke für eure Liebe und dass ihr immer an meiner Seite steht und mich stärkt, kritisiert, mit mir diskutiert, mich liebt und unterstützt. Ihr gebt mir mehr, als ich in Worte fassen kann. Ich danke meinen Freunden. Ihr macht mich einfach nur glücklich. Ich liebe euch. P.H.WW. Du hast den Grundstein gelegt für dieses Buch, mich inspiriert, es zu schreiben, und mich unfassbar unterstützt. Immer. Ich danke dir von ganzem Herzen. Meiner Verlegerin Sonja Hintermeier danke ich für alles. Liebe Sonja, danke, dass du an dieses Buch geglaubt – und mich immer unterstützt hast. Ich danke meiner großartigen Lektorin Eva Römer. Es gibt keine Superlative, die deine Arbeit, liebe Eva, an diesem Buch beschreiben könnten und dir gerecht werden.

K. Thank you for your inspiration, creativity, encouragement and for your love. Thank you for every single moment.
I carry you in my heart. Always.

In memoriam: L.T.
I am missing you. Infinitely.
„In one of the stars I shall be living. In one of them I shall be laughing. And so it will be as if all the stars were laughing, when you look at the sky at night."

Antoine de Saint-Exupéry, The Little Prince

Hamburg/Los Angeles 2015/2016